Rudolf Walter Leonhardt

ARGUMENTE

Rudolf Walter Leonhardt

Argumente

PRO UND CONTRA

Mit 59 Zeichnungen
von Paul Flora

R. Piper & Co. Verlag

ISBN 3-492-02060-7

Gesetzt aus der Linotype-Janson
Gesamtherstellung: Graph. Werkstätten Kösel, Kempten
Printed in Germany

Inhalt

Politisches

Moral und Transzendenz

Spass, Sport und Spiele

Reise und Verkehr

Kultur und Journalismus

Wie es zu den »Argumenten« kam

Wenn ich geahnt hätte, was da auf mich zukommt, hätte ich es wohl doch nicht getan. Eines Tages schlug ich meinen Kollegen im Feuilleton der »Zeit« vor, ich wollte – ein Jahr lang oder so – eine regelmäßige Kolumne schreiben über die Argumente, die für oder gegen Entscheidungen in dieser oder jener kontroversen Frage sprächen. Wir hatten damals intern eine ziemlich totale Mitbestimmung eingeführt, und ich brauchte, nach unseren Regeln, ein »Placet« von mindestens fünf von neun Feuilleton-Redakteuren. Ich bekam es.

Ich hoffe, nicht deswegen, weil ich damals ein »Chef« war. Das bedeutete in der »Zeit« nie sehr viel – außer zusätzliche Arbeit, zusätzliche Verantwortlichkeiten und ein paar zusätzliche hundert Mark im Monat.

Im Grunde war mein Plan anti-feuilletonistisch. Anders als zu Karl Krausens Zeiten werden in den Feuilletons von heute ja nicht mehr auf Glatzen Locken gedreht, sondern hochqualifizierte Spezialisten äußern sich da streng und kompetent zu Fragen der Kunst und der Literatur, des Theaters und des Films, der Musik und der Architektur, der Erziehung und der Wissenschaft.

Mein Vorschlag war ein Versuch, herauszukommen aus dem Zirkel spezieller Betrachtungen für Spezialisten. Wie wenig zeitgemäß das ist, habe ich während der anderthalb Jahre, die diese Kolumne lief, jede Woche ein paarmal erfahren. Aber meine Kollegen waren großartig: Sie gestatteten mir die Narretei eines einsamen Aufstandes generalistischer Individualisten gegen kollektive Fachmännerei, die oft ideologisch eingefärbt ist. Die hämischen Leserbriefe, die nicht ausbleiben konnten, übersahen sie großzügig.

Eines Tages erschien in der Redaktion mein alter Freund Walter Boehlich, den ich sehr schätze, obwohl ich seine Sicht der Welt für verquer halte. Und er sagte: »Leo – tun Sie mir einen Gefallen, schaffen Sie drei Sachen in der ›Zeit‹ ab.« Er stellte sich

als rechter Sozialist vor, mein Machtwort genügte, um »anzuschaffen« oder »abzuschaffen«, was mir persönlich gerade gefiel oder mißfiel.
Freilich, einen seiner drei Wünsche hätte ich ihm erfüllen, die Argumente-Kolumne hätte ich abschaffen können; niemand hätte mich ja zwingen können, sie weiterzuschreiben.
»Aber W. B.«, fragte ich ihn, »was haben Sie eigentlich gegen diese Kolumne?« – »Ich liebe Leute«, antwortete er, »die ›dagegen‹ oder meinetwegen auch ›dafür‹ sind. Aber dieses Wischi-Waschi, ein bißchen Dagegen, ein bißchen Dafür, das ist doch unerträglich.«
Da ich ganz anderer Meinung bin, lief die Kolumne weiter.
Paul Flora, der Meister des freundlich-bösen Strichs, hatte ein Jahrzehnt lang und ein wenig länger mit seinen Karikaturen genannten Zeichnungen das Bild der »Zeit« geprägt. Eines Tages wollte er nicht mehr. Woche für Woche unter dem Druck des Lieferanten zu stehen, das hielt er, inzwischen älter geworden, nicht mehr aus.
Für mich, inzwischen auch älter geworden, war die »Zeit« ohne Flora nicht mehr die »Zeit«. Ich versuchte, Freund Paul zu doch wenigstens einer Zeichnung wöchentlich zu überreden. Das war ganz schwierig; eigentlich wollte er nicht, und der eine oder andere in der Redaktion wollte wohl auch eher nicht.
Es ergab sich unter graphischen Zwängen dann so, daß die Flora-Zeichnung, die die meisten von uns doch gern im Blatt sahen, immer häufiger in die Nähe der Argumente-Kolumne geriet. Nach ein paar Wochen merkten wir das. Heinz Josef Herbort und ich, die wir uns Sorgen zu machen hatten um ein glaubhaftes Layout, gingen dazu über, aus Flora-Zeichnungen die herauszusuchen, die zu den »Argumenten« paßten.
Ein paar Wochen später wieder merkte auch Paul Flora, was da passiert war. Und dann fing er an, ganz bewußt für die »Argumente« zu zeichnen. An diesem Tag begannen die »Argumente« mir wieder richtig Spaß zu machen. Und danach habe ich mich oft gefreut, wenn meine lieben Freunde von der Jungen Linken schrieben: »Sehr geehrter Herr Chefredakteur (oh, sie wissen, wo oben und unten ist) – warum dulden Sie eigentlich zu diesen

phantastisch progressiven Zeichnungen diese dämlich reaktionären Texte eines gewissen Herrn Leonhardt?« Je nun ...
Paul Flora hat das eine oder andere Thema nachträglich gezeichnet – so daß die Flora-Zeichnungen hier im Buch (anders als in der »Zeit«) von Anfang an Bestandteil der »Argumente« sind.
Auch nach all den Verbesserungen, die ein in einiger Ruhe überlegtes Buch von den immer unter Zeitdruck entstandenen Woche-für-Woche-Veröffentlichungen hoffentlich unterscheiden, darf der Autor nicht hoffen, es den Lesern in jedem Falle recht gemacht zu haben. Im Grunde genommen ist es ihm auch nicht so wichtig, ob der eine oder andere mit dem einen oder anderen »Argument« zufrieden ist. Worauf es ankommt, ist – von mir aus gesehen – allein dies: daß ich beitragen wollte und will zu dem immer neuen und immer wieder notwendigen Versuch, sich vernünftig auseinanderzusetzen. Solche Diskussionen erscheinen mir als die einzig humane Art, mit Meinungsverschiedenheiten fertig zu werden. Die Mittel heiligen den Zweck.
Eine klassische Disziplin-Regel für Schreiber lautet: *Nulla dies sine linea.* Die selbstgesetzte Regel war noch strenger: Keine Woche ohne Argumente – und das 75 Wochen lang. Das Leben ging weiter; andere Arbeiten kamen dazwischen, auch Krankheiten, auch Urlaube, auch lähmende Müdigkeit, auch Unlust, auch Lust, endlich mal wieder was ganz anderes zu machen.
Einfälle genügen nicht einmal einem Lyriker. Was der Journalist braucht, ist »Stamina«, wie das bei Pferden heißt; Stehvermögen, die Fähigkeit durchzuhalten, die keine Sache der Begabung ist, sondern eine Willensfrage.
Und noch eine zweite Übung verlangten die »Argumente«: die Entschlossenheit zur Kürze. Die meisten von uns kommen aus deutschen Seminaren, in denen Gründlichkeit gelehrt und mit Ausführlichkeit gleichgesetzt wird: als ob die Wahrheit eine Frage der Quantität wäre.
In der Tat haben die Redaktionen seriöser Zeitungen große Schwierigkeiten, Autoren zu gewinnen, die bei Fragen, die ihnen wichtig sind, auf weniger als fünf Seiten etwas zu schreiben

bereit wären. Und selbst Profis des Journalismus, »Zeit«-Redakteure zum Beispiel, schreiben lieber sieben Seiten als zwei.
Siebzehn Jahre lang habe ich meine Kollegen elenden müssen mit der Frage: Kann man das, was Sie auf acht Seiten sagen wollen, nicht auch auf drei Seiten konzentrieren? In den »Argumenten« wollte ich nicht zuletzt mir selber beweisen, daß es auch kurz geht. Für meine eigene Meinung habe ich immer nur ein paar Zeilen beansprucht. Vier Fünftel der Arbeit bestanden darin, die Meinung anderer Leute so unvoreingenommen wie nur möglich mitzuteilen. Das ist, wie jeder Schreiber weiß, das Schwerste, was es überhaupt gibt; weil es doch Verzicht bedeutet auf die Lust, die einer daraus gewinnt, daß er sich selber verwirklicht, indem er seine Meinung sagt.
Nicht nur die Kürze, sondern überhaupt die Machart der »Argumente« forderte Widerspruch heraus. Wie kann denn da einer über alles Bescheid wissen wollen?
Er wollte wohl; er konnte natürlich nicht. Aber er hatte Kollegen, Freunde, Bekannte, unter ihnen Spezialisten für die meisten Themen. Dazu hatte er ein Telephon, mit dessen Hilfe er Auskünfte einholen konnte. Und er las so viel wie möglich. Einiges erfuhr er in 52 Lehrjahren des Lebens auch selber, da er an *»éducation permanente«* schon glaubte, als sie noch kein Modewort der Pädagogen war. Journalisten können gar nicht anders als immer Neues dazulernen. Freilich nennt sich auch der Hausierer »Kaufmann«.
Offenbar ist es schwer nachvollziehbar, daß jemand auch Meinungen, Ansichten, Überzeugungen, »Argumente« wiedergibt, die seinen eigenen Überzeugungen durchaus widersprechen.
Immer wieder wurde ich persönlich von Lesern für das jeweils idiotischste Pro- oder Contra-Argument verantwortlich gemacht. Immer wieder, und hier also noch einmal, mußte ich antworten: Mein eigenes Produkt ist nur die jeweilige Einleitung – journalistisches Handwerk, um einen »Einstieg« zu finden – und die *»conclusio«*. Die ist oft gewiß anfechtbar genug.
Wer fertig ist, dem ist nichts recht zu machen. Wer schon ganz genau weiß, warum er geheiratet hat oder nicht heiratet, hat keine Lust, sich noch mit Argumenten für und gegen die Ehe

zu beschäftigen. Christen lassen über den lieben Gott, Marxisten über den Klassenkampf nicht mit sich reden.
»Auch Ihr Liberalismus, Herr Leonhardt, ist doch eine Ideologie.« In der Tat, das wird wohl so sein. Nur daß das Wesen dieser Ideologie, zum Beispiel, darin besteht, Argumente auch dann zur Kenntnis zu nehmen, zu überdenken, wohl gar zu akzeptieren, wenn sie zunächst gar nicht ins eigene Denkschema oder Glaubensbekenntnis passen. Das ist die Stärke des Liberalismus – und seine oft bis zur Selbstaufgabe führende Schwäche.
Für mich bedeutet der philosophische Liberalismus (der mit dem ökonomischen nicht unlösbar verbunden ist) die einzige Möglichkeit, für den immer neuen Versuch, das, was ich denke, das, was ich fühle, und das, was ich tue, in Übereinstimmung zu bringen – und für mich heißt das: bewußt leben.
Aber ich kann mich ja irren. Auch dann bliebe der Liberalismus die einzige Geisteshaltung, die »Koexistenz« ermöglicht zwischen verschiedenen, oft einander feindlich gegenüberstehenden Lebensformen. Vor die Wahl gestellt zwischen ewigem Krieg und ewigen Kompromissen, ziehe ich, was gewiß nicht sehr heldenhaft ist, die ewigen Kompromisse vor.
Und ich glaube erfahren zu haben: Einfach sind Kompromisse immer dort, wo sie einen selber nicht emotional berühren: Juden und Araber sollten sich doch endlich vertragen! Anstrengend werden Kompromisse erst dort, wo sie ins eigene Leben tief eingreifen: Werde ich es als etwas die Ordnung menschlicher Dinge überhaupt nicht Verletzendes empfinden, wenn mein Sohn als Homosexueller lebt und meine Tochter einen Chinesen heiratet? (Ich werde mich bemühen.)
Aufklärer vom Range Lessings hatten Kraft und Optimismus genug, einer »Erziehung des Menschengeschlechts« das Wort zu reden. Wir sind heute sehr viel bescheidener geworden. Aber wenn man Menschen überhaupt nicht erziehen könnte, dann wären ja all unsere Bildungspläne reine Zeit- und Geldverschwendung.
Ich hoffe, einige, vielleicht wenige, sind bereit, aus den hier folgenden »Argumenten« zu lernen, daß es nicht nur Gründe gibt, die für die wie auch immer erworbene Überzeugung spre-

chen, sondern auch andere, die dagegen sprechen könnten.
Besonders ermutigt hat mich, daß die »Argumente« während ihres Erscheinens in der »Zeit« den stärksten Anklang fanden bei Lesern, die selber als Erzieher, als Lehrer, als Wissenschaftler tätig sind. In Deutschland vor allem, natürlich, die »Zeit« ist ja eine deutsche Zeitung, und vier Fünftel ihrer anderthalb Millionen Leser sind Deutsche.
Aber nicht nur in Deutschland. In Schweden zum Beispiel hörte ich – seltener Lustgewinn aus meinen Schreib-Bemühungen: »Die ›Argumente‹ helfen uns, unseren Schülern klar zu machen, daß es auch einander diametral entgegengesetzte Standpunkte gibt, die vertretbar sind. In unserer dem Consensus so sehr zuneigenden Gesellschaft müssen die Jüngeren das erst wieder lernen.« Glückliches Schweden.
In den U.S.A. wie in Japan wurden die »Argumente« vor allem von Lehrern entdeckt als eine Hilfe, Diskussionen unter ihren Schülern in Gang zu bringen.
Den Autor erfüllte es mit wohlfeiler Befriedigung, als er das hörte. Zwar hatte er eigentlich für Erwachsene schreiben wollen. Aber dann schöpfte er aus dem Born seiner Erfahrungen auch die zweite Hälfte des Spruches: »Wer fertig ist, dem ist nichts recht zu machen, ein Werdender wird immer dankbar sein.«
Was Schöneres kann ein »Fertiger« (nun ja) sich wünschen, als den Werdenden Wege zu weisen?
Welchen »erzieherischen Einfluß« auf andere die »Argumente« auch immer gehabt haben mögen: der erzieherische Einfluß auf den Schreiber selber war gewaltig. Er, ein zu ironischer Distanzierung neigender Rationalist, hatte zwar kaum Ursache, an den immerwährenden Triumph der Vernunft zu glauben; aber wie wenig Vernunft vermag, wenn sie nicht sehr bewußt, sehr sorgfältig gepflegt wird – das hatte er vorher so nicht gewußt.
In jedem zweiten der zahlreich eingehenden Leserbriefe herrschte noch immer der gleiche Ton wie seinerzeit auf den Bäumen. Die einen fühlten sich bestätigt, die anderen im Heiligsten getroffen. Selten waren die Briefe, in denen es schlicht hieß: Sie haben dieses Argument »pro«, jenes Argument »contra« vergessen.

Und dennoch: es gab auch diese Briefe, und sie waren ein zweiter wichtiger Beitrag zur Selbsterziehung des Autors. Allgemeine Menschenverachtung nach illustren Vorbildern, von Platon über Schopenhauer bis zu Arno Schmidt, kultiviert sich um so leichter, je weniger man von den Menschen weiß. Die Hälfte von ihnen mag ganz nach den animalischen Gesetzen von Blut und Boden leben. Noch einmal fast ebenso viele mögen der Vernunft nur so lange trauen, wie sie die jeweils eigenen Lebensinteressen fördert. Aber darüber hinaus gibt es doch offenbar heilsame zehn Prozent, vielleicht sind es sogar zwanzig: die wollen überlegen, die wollen abwägen, die wollen allen und allem wenigstens versuchsweise gerecht werden.

Da ist mir nun vermutlich eine eigene Weltsicht in eine Beschreibung anderer hineingeraten: Allen und allem versuchsweise gerecht werden – darum, in der Tat, geht es mir. So wäre ich denn beinahe ein typischer Repräsentant des lauen »Jein« einer schweigenden Mehrheit. Freilich – ich schweige ja nicht!

Gewiß bringe ich zu einigen Fragen, die uns alle mehr oder minder bewegen, hier zunächst einmal nur wieder, was ich darüber gehört und gelesen habe. Ich halte solches »Wiederbringen«, solche »Reportage« für die wichtigste und ehrlichste und richtigste Form des Journalismus.

Nicht als Philosophie wollen die »Argumente« am Ende verstanden werden (obwohl ihnen ein auch philosophisch begründbarer pragmatischer Liberalismus zugrunde liegt), und nicht als Ideologie; als Lebens- und Diskussionshilfe meinetwegen; vor allem aber: als Journalismus.

Gegen jedes »Argument« mag im einzelnen vieles einzuwenden sein. Ich bin ja kein Spezialist, und noch weniger bin ich ein Super-Spezialist, der die Widersprüche, die es auch unter Spezialisten gibt, aufzulösen vermöchte. Alle Inhalte der »Argumente« mögen anfechtbar sein. Als unanfechtbar erscheint mir nur die Form. Wenn die zivilisierte Menschheit noch eine Weile überleben will, dann wird sie sich einigen müssen auf das Prinzip dieser Form, um ihre Meinungsverschiedenheiten auszutragen.

Autobiographie in Kürze, den »Argumenten« folgend

Ein Standard-Vorwurf gegen den Autor der »Argumente« war es: er manipuliere die Argumentation, um sein eigenes Verhalten, seine eigenen Vorlieben und Abneigungen zu rechtfertigen.
Es mag daher nützlich sein, gleich die Karten offen auf den Tisch zu legen, *to come clean*, wie das auf englisch so schön heißt: sauber zu kommen.
Um den Autor ist es, an der Chronologie der Argumente orientiert, folgendermaßen bestellt:
Er mußte bis zu seinem 24. Lebensjahr sehr früh, oft vor sechs, aus dem Bett; später zog er es vor, später aufzustehen. Er lebt und arbeitet normalerweise von zehn Uhr vormittags bis drei Uhr nachts und schläft von drei bis zehn.
Er zieht es vor, andere Leute höflich anzureden und von ihnen so angeredet zu werden; gebraucht für Freunde und Kollegen jedoch gern den Vornamen und hört selber auf eine Kurzform seines Familiennamens.
Er raucht Zigaretten und Pfeife, er trinkt Wein und nach Sonnenuntergang auch Whisky.
Orden hat er, auch als das Mode oder »Befehl« war, nie getragen; Ehrentitel sind ihm nicht verliehen worden.
Er ist verheiratet, wohnt zur Miete, hat drei Kinder und lebt, da seine Tochter darauf bestand, zusammen mit einem Hund und einem Papagei.
Weihnachten wird im Familienkreis zu Hause gefeiert.
Er fährt ganz oft zu Kongressen und bewirtet gern, manchmal auf Spesen, manchmal auf eigene Rechnung.
Er wohnt in Hamburg und fühlt sich in Großstädten, vor allem in London und Paris, wohl.
Sein Besitz beschränkt sich auf viele Bücher, ein paar Möbel, Kleidungsstücke und ein Auto. Er lebt ausschließlich vom Verkauf seiner Arbeitskraft, ist also, marxistisch gesehen, ein Proletarier: was ihm ziemlich paradox vorkommt.

Er hatte eine Vorschul-Erziehung in einem Kinderheim, machte die Hausaufgaben meistens in den Schulpausen, mußte samstags immer zur Schule gehen und freut sich, daß seine Kinder das nicht müssen.
Eins hat er immerhin mit Shakespeare gemeinsam: *little Latin and less Greek.*
Er hat Abitur, Staatsexamen und Promotion hinter sich gebracht und bei mündlichen Prüfungen immer schlechter abgeschnitten als bei schriftlichen. Im Rigorosum wäre er beinahe durchgefallen (Zensur: *rite*, das Staatsexamen hat er in den gleichen Fächern »mit Auszeichnung bestanden«.
Für sein Studium hat er keinen Pfennig vom Staat oder sonst irgend jemanden bekommen. Abiturnoten und Kriegsteilnahme brachten genug Punkte, um den *numerus clausus*, der 1945 noch nicht so hieß, zu überwinden.
Seine Frau ist Lehrerin.
Er verfolgt Parlamentsdebatten gern im Fernsehen und wird von den übrigen politischen Argumenten persönlich nicht betroffen.
Er glaubt, seinen Eltern viel Dank schuldig geblieben zu sein, hat Schwangerschaftsabbruch und Tötung auf Verlangen im engsten Freundeskreise wiederholt und nicht nur passiv miterlebt. Pornographie und Bordelle langweilen ihn. Aber zu seinen besten Freunden gehörte einmal auch eine Prostituierte.
Er hat gesehen, wie Menschen hingerichtet worden sind, und hat das in Alpträumen oft nacherlebt.
Er und seine Familie sind zahlende Mitglieder der evangelischen Kirche.
Er glaubt an die beschränkte Macht der Vernunft, die viel Raum läßt für das Unbegreifliche, das man auch Gott nennen kann.
Er interessiert sich für Sport und meint, im Sinne des meist falsch zitierten lateinischen Sprichworts, es wäre wünschenswert, daß in einem gesunden Körper auch ein gesunder Geist wohnt. Er reitet nicht mehr, spielt aber Schach.
Feuerwerk könnte er entbehren. Camping hat er früher, auf Paddelbootfahrten, betrieben. FKK erlebt er alljährlich im Sommer auf Sylt. Das ist auch die große Zeit der Mixgetränke (bei

Karlchen in Kampen). Er besitzt einen Smoking und hat sich dreimal einen Frack geliehen.
Reisen als solche findet er eher lästig; er nimmt sie in Kauf, um anzukommen. Von Berufs wegen reist er ziemlich viel, etwa hundert Tage im Jahr: am liebsten (und wegen Zeitmangels am seltensten) mit dem Schiff, am zweitliebsten mit dem Schlafwagen, am meisten mit einem signalroten Porsche 911, in dem er sich selber nur nachts und bei schlechtem Wetter anschnallt, während er etwaigen Beifahrern das Anschnallen empfiehlt und Kinder nur angeschnallt mitnimmt.
Beim Fliegen hat er immer ein bißchen Angst, ob der Pilot das auch richtig kann.
Seinen Urlaub verbringt er mit Vorliebe an der deutschen Nordseeküste, wenn es warm ist (er schwimmt gern und gut durch Brandungswellen), und im Schwarzwald, wenn es schneit (er fährt gern und schlecht Ski).
Er hatte oft ausreichende berufliche Vorwände, um zu Festspielen, vor allem nach Salzburg, aber auch nach Bayreuth und Edinburgh, zu fahren, und hat das jedesmal sehr genossen, ganz kulinarisch. Er geht oft und gern ins Theater und in die Oper.
Siebzehn Jahre lang besuchte er regelmäßig die Frankfurter Buchmesse; als er im achtzehnten Jahr nicht fuhr, war er darüber weder glücklich noch traurig.
Literaturkritik hat er, als Autor von drei dicken und ungezählten dünnen Büchern, oder dünnen Beiträgen zu dicken Büchern, häufiger erlitten als verübt; aber er mußte sie siebzehn Jahre lang verantworten.
Er schreibt mit der Hand, aber da er nur engen Vertrauten die Entzifferung seiner »zwar säuberlichen, aber unleserlichen« Handschrift (so eine illustre Kollegin) zumuten möchte, bittet er eine Sekretärin, das alles nochmal abzuschreiben.
Er hat Journalismus in England gelernt. Dort schätzt man Hochgestochenes wenig. Aber man denkt auch nicht daran, Fremdwörter um jeden Preis zu vermeiden. Und *»I think«* hält man für nicht nur bescheiden, sondern auch der Wahrheit näher als »wir meinen« oder gar »man weiß« und »es steht fest«.
Um in diesem Sinne zum Schluß zu kommen: Ich halte die Glosse

für die interessanteste journalistische Form. Sie hat mit diesen »Argumenten« gemeinsam, daß der Schreiber nicht alles sagen und sich gegen Mißverständnisse, vor allem der gewollten Art, nur schwer schützen kann. Aber wer könnte schon alles sagen und völlig gefeit sein gegen Mißverständnisse? Am Ende helfen uns ja auch Mißverständnisse weiter: wenn sie sich aufklären lassen.

Der einzelne und die Gesellschaft

Frühaufstehen

Es sei hier von der Leidenschaft fürs Frühaufstehen die Rede, wie sie etwa an Sonn- und Feiertagen oder im Urlaub sich austoben kann – also immer nur dann, wenn kein Muß dahintersteht. »Früh« heiße in diesem Zusammenhang alles, was vor 9 Uhr geschieht.

PRO

1. Morgenstunde hat Gold im Munde.
2. Wer früh aufsteht, für den ist der Tag länger.
3. Dem Frühaufsteher winkt das Vergnügen des Mittagsschlafes.
4. Frühaufstehen ist gesund. Langschläfer sind dekadent.
5. Frühaufsteher genießen den Ruf von fleißigen Leuten, während Langschläfer als Faulenzer gelten.
6. Morgens um sieben ist die Welt noch in Ordnung – herrlich ruhig, zum Beispiel.
7. Wenn Frühstück und Mittagessen zusammenfallen, gerät der ganze Tagesablauf durcheinander.
8. Nur wer früh aufsteht, ist abends rechtschaffen müde.
9. *It is the early bird that catches the worm.*

CONTRA

1. Das angebliche Gold im Munde des Morgens verdankt seine Existenz einem albernen lateinischen Wortspiel mit dem Namen der Göttin der Morgenröte: Aurora = aurum (Gold) in ore (im Mund).
2. Gut leben heißt: können, ohne zu müssen – also zum Beispiel aufstehen.
3. Ein richtiger Urlaub besteht darin, alles anders zu machen als in der Routine des Alltags – also lange zu schlafen, wenn man sonst früh aufstehen muß.
4. Das Mahlzeitenproblem ist leicht zu lösen. An der Hamburger

Börse heißt das, was andere Leute Mittagessen nennen, »Frühstück«. Und die Amerikaner haben Frühstück (breakfast) und Mittagessen (lunch) zusammengezogen zu einem »brunch«. Eine Mahlzeit weniger am Tag kann den dicken Deutschen nur guttun.

5. Es gibt doch nichts Herrlicheres als: wach zu werden, sich aufs andere Ohr zu legen und weiterzuschlafen. Um das voll auszukosten, stellen sich manche Menschen den Wecker zwei Stunden früher, als sie aufstehen wollen (müssen).

6. Nie und nirgendwo ist der Mensch glücklicher und zufriedener als morgens halbwach im Bett – der allergrößte Hochgenuß!

7. Ob je und wann immer die Welt in Ordnung sein mag – am erträglichsten ist sie, wenn man ausgeschlafen ist.

8. Wer früh aufsteht, der ißt sich arm; beim Spätaufstehn bleibt's Bett schön warm. (Fränkisches Sprichwort)

9. *It is the early worm that is caught by the bird.*

CONCLUSIO

Ich stehe gern früh auf, wenn ich früh ins Bett gegangen bin – also selten. Im Urlaub leiste ich mir, dem Contra-Argument 3 folgend, zuweilen den Luxus, früh aufzustehen, weil ich dann eine Welt entdecke, die ich sonst kaum kenne. In der Routine des Alltags bin ich ein Nachtarbeiter. Geschrieben in Hamburg am 6. Juli 1973, 03.30 Uhr.

Das Duzen

Japaner, sagt man, haben 23 verschiedene Formen der Anrede, Italiener haben drei, Engländer und Amerikaner haben nur eine. Würde es nicht zur Gleichheit und Brüderlichkeit beitragen, wenn wir auch in Deutschland das »Sie« abschafften, so, wie sozialistische Genossen es zu tun versuchen (die dann freilich offenbar doch Schwierigkeiten bei der Anrede eines Genossen Ministers haben)?

PRO

1. Die deutsche Sprache würde leichter – auch für Ausländer.
2. Die Intimität von Beziehungen wäre nicht gleich an der Anrede ablesbar.
3. Manchen Klassengegensätzen und Vorgesetztenverhältnissen würde eine Spitze genommen.
4. Den professionellen Anbiederern, die sich etwas darauf zugute halten, mit Gott und aller Welt »auf du« zu stehen oder gar »per du« zu sein, würde das Handwerk gelegt.
5. Die Peinlichkeit verschwände, die vorläufig noch häufig sich manifestiert, wenn man wildfremde Menschen plötzlich »du« nennen soll, nur, weil sie ein Mitglied der Familie geheiratet haben.
6. Gruppen, wie zum Beispiel eben Familien, können sich nicht mehr so leicht gegen andere Gruppen abkapseln.
7. Die im »Du« sich ausdrückende Herablassung gegenüber Kindern hörte auf.
8. Die Vertraulichkeit des »Du« würde den Umgang mit anderen Leuten vertrauter machen.

CONTRA

1. Wo jeder jeden »du« nennt, hat das Du gar nichts Vertrauliches mehr.

2. Das Französische lehrt: Bei den Erfindern der *»égalité«* und der *»fraternité«* gibt es auch weiterhin neben dem *»tu«* das *»vous«*, also zwei Formen der Anrede. Die Väter der Revolution wollten das Duzen *(tutoyer)* einführen, aber sie konnten sich nicht durchsetzen.

3. Das Englische lehrt: Wo das *»you«* scheinbar alle Unterschiede verwischt, werden sie durch andere Abstufungen wieder deutlich gemacht; wenn etwa der gleiche Mann von dem einen mit »John«, von dem anderen mit »Mr. Miller« und von wieder anderen mit »Sir« angeredet wird.

4. Wo immer einer Sprache Ausdrucksnuancen genommen werden, nimmt das sprachliche Differenzierungsvermögen ab, welches ein Teil der Intelligenz ist.

5. Wir Deutschen sind ohnehin weniger höflich als Engländer und Franzosen, als Polen und Russen; durch allgemeines Duzen würden wir gewiß nicht höflicher (»Du Blödmann« sagt sich leichter als »Sie Blödmann«).

6. Es gäbe jene kostbaren Augenblicke nicht mehr im Verhältnis zweier Menschen zueinander, die markiert werden durch den Übergang vom »Sie« zum »Du«.

CONCLUSIO

Ist das 6. Contra-Argument nicht ziemlich sentimental? Aber so ist das Leben in der privaten Sphäre oft, man kann es auch »sentimental« nennen. Ist es überhaupt wichtig, wie wir einander anreden? In der Theorie: kaum; in der Praxis: offenbar doch. In einem Betrieb zum Beispiel etablieren sich Gruppen in der Gruppe zwischen denen, die »du« zueinander sagen. Also »Sie« für alle? Oder »du« für alle? Aber vielleicht will es, soll es sie ja geben, diese Gruppen in der Gruppe. Wenn ich selber es vorziehe, die meisten Leute »Sie« und ganz wenige nur »du« zu nennen, so entspringt dieses Verhalten kaum einem rationalen Abwägen des Für und Wider. Auch beim Verteilen der Freunde und Bekannten in die kleine Du- und in die große Sie-Kategorie waltet (ich spreche nur für mich selber) reine Unvernunft. Aber wen stört das?

Zigarettenrauchen

Neueste Forschungsergebnisse stimmen nicht heiter. Ein medizinisches Forscherteam des Londoner »Royal College of Physicians« hat den ohnehin zahlreichen Argumenten gegen das Zigarettenrauchen noch eins hinzugefügt, nämlich

CONTRA

1. Die Liebes- und Zeugungsfähigkeit des Mannes wie der Frau wird durch Zigarettenrauchen drastisch reduziert, da die Gefäßverengung durch Nikotin die Durchblutung der jeweils benötigten Organe drosselt.
2. Es sterben zehnmal so viele Zigarettenraucher an Lungenkrebs wie Nichtraucher.
3. Es sterben fünf- bis zehnmal so viele Zigarettenraucher an Herzinfarkt wie Nichtraucher.
4. Ein starker Zigarettenraucher könnte gradsogut statt dessen jede Woche einen Fünfzigmarkschein anzünden. Rauchen ist teuer.
5. Zigarettenraucher belästigen Nichtraucher.
6. Zigarettenraucher sind Umweltverschmutzer (man sehe sich einen großen Aschenbecher voller Kippen an oder gar einen Saal, in dem Raucher getagt haben – widerlich!).
7. Zigaretten betäuben, wie Küfer und Köche wissen, die feineren Geschmacksnerven – der Rauchgenuß geht also auf Kosten des Eß- und Trinkgenusses.

PRO

1. Es gibt frigide Frauen und impotente Männer, die noch nie eine Zigarette geraucht haben.
2. An irgend etwas muß jeder sterben. Wer das Rauchen aufgibt, zum Beispiel an Fettleibigkeit oder Schrumpfleber.
3. Statistische Beweise sind fragwürdig, oft widerlegbar.

4. Die Tabakindustrie und der Zigarettenhandel wollen auch leben – und der Staat verdient ganz schön daran.
5. Irgend etwas braucht jeder, wenn er mal aufgeregt ist, oder so . . . etwas zum sich daran Festhalten.
6. Wir kennen einen Mann, der raucht nie weniger als sechzig Zigaretten am Tag; jetzt ist er über siebzig und noch sehr munter.
7. Einen Spaß muß der Mensch doch haben. Essen, Trinken, Rauchen, Lieben – alles gesundheitsschädlich? Vielleicht ist das Leben überhaupt gesundheitsschädlich, es führt schließlich mit Sicherheit zum Tode.

CONCLUSIO

Die Pro-Argumente, das kann kein Vernünftiger leugnen, wirken recht läppisch, wenn man sie mit den in der Tat schwer wiegenden Contra-Argumenten vergleicht. Und dennoch rauchen wir weiter: Süchtige, die nicht sehr überzeugend wirken können, wenn sie anderen Süchtigen ihre andere Sucht ausreden wollen. Warum es manchen von uns dennoch vor einer Welt der totalen Askese – und sei es auch nur Askese von allem Gesundheitsschädlichen – graut, ist offenbar mit Vernunftgründen nicht zu erklären.

Alkohol

Über Rauschmittel oder »Rauschgifte« wird ziemlich viel geschrieben. Am liebsten halten die Schreiber sich dabei an Exotisches wie Mescalin oder Marihuana. Über die von der eigenen Gesellschaft akzeptierten Rauschmittel schreibt sich's schwerer: weil man dann anschreiben muß gegen einen starken Strom von kollektiver Erfahrung und darauf mehr oder minder sicher gegründeter Meinung – oder gegen mächtige ökonomische Interessengruppen.

CONTRA

1. Es besteht kein Zweifel daran, daß Alkohol nicht gesundheitsfördernd und, häufig oder in großen Mengen genossen, mit Sicherheit gesundheitsschädlich ist. Ein großer Teil aller Leberleiden ist eindeutig auf Alkoholexzesse zurückzuführen.
2. Wie viele wollen nüchtern nicht mehr wahrhaben, nicht verantworten, was sie im Suff (»unter dem Einfluß von Alkohol«) für ganz in Ordnung hielten.

3. Alkohol als Tröster hat schon manchen zugrunde gerichtet – und seine Familie dazu.
4. Jährlich gehen diesem Staat soundsoviele Arbeitsstunden und soundsoviele Krankenkassen-Millionen verloren durch die Opfer des Alkohols.
5. Alkohol hilft überhaupt nichts, sondern erzeugt nur Illusionen, die spätestens an einem nüchternen Aschermittwoch zerbrechen.
6. Manche ganz »normalen« Menschen schrecken nach starkem Alkoholkonsum auch vor Verbrechen nicht zurück.

PRO

1. Alkohol mag was Schreckliches sein; Bier, Wein und Schnaps sind was Gutes.
2. An Winzer-Genealogien läßt sich nachweisen, daß eine Flasche Wein pro Tag niemandem mehr als nötig schadet. Und die Burschen haben gekungelt: wo sie »eine Flasche« sagten, meinten sie eine große (wie Osmin).
3. Irgend etwas braucht jeder Mensch, braucht jede Gesellschaft offenbar, um Lebensangst und Todesfurcht zeitweilig zu überwinden. Weder unter Linken noch unter Rechten, weder unter Jungen noch unter Alten, weder unter Europäern noch unter Asiaten geht es ganz ohne »Lebensbewältigungsdrogen«. Ohne sie auszukommen, schafft immer nur eine Minorität, die sich dafür an ihrer »Weltanschauung« berauscht.
4. »Geselligkeit« als Fähigkeit des Menschen, sein Monadendasein zu überwinden, bedarf einer Stimulanz. In einer Gesellschaft, in der Alkohol toleriert wird, einigt man sich da am ehesten auf Bier, Wein und Schnaps.
5. Manche ganz »normalen« Menschen werden erst nach (mäßigem) Alkoholkonsum wirklich nett.

CONCLUSIO

So einfach ist das Leben eben nicht, daß es immer ganz ohne sogenannte Rauschmittel durchgestanden werden könnte. Es kommt hier wie überhaupt darauf an, das, was einer denkt, was er fühlt und was er tut, in jene Übereinstimmung zu bringen, die »der Wahrheit« so nahe kommt wie sonst nichts. Schlimm sind die dran, die Alkohol mit schlechtem Gewissen kippen; und noch schlimmer die, die »das Gift« verschmähen und darüber giftig werden. Zu Tode säuft sich nur, wer ohnehin nicht zu retten ist. Das gibt es. Sozialtherapie mag es bessern, grundsätzlich ändern können wird sie es nie. Alkoholsüchtige sind bedauernswerte Kranke, denen man helfen muß. Man hilft ihnen nicht, indem man den Gesunden ihr bißchen Alkohol mies macht. Jede wie auch immer wackere neue Welt wird ihr »Soma« haben. Ich bin für ein bißchen Alkohol, lässig, selbstverständlich getrunken. Nur aus irgendeinem Krampf kommen die lebensfeindlichen Exzesse. Alle Exzesse sind lebensfeindlich. Zwei, drei Glas (Bier, Wein) oder Gläschen (Schnaps) schaden keinem mehr, als ihm das Leben ohnehin schadet.

Orden und Ehrentitel

Ich hatte gemeint, zumindest meiner Generation sei die Freude an Orden und Ehrentiteln abhandengekommen. Weit gefehlt! Eher sind es die Jüngeren, die – je nach Temperament – sich darüber lustig machen oder dagegen polemisieren. Mancher freilich, der, zum Beispiel, den (britischen) »Orden der Gefährten der Ehre« für komisch oder verwerflich hält, nimmt keinen Anstoß an dem (sowjetischen) Titel »Held der Arbeit« – und umgekehrt. Hier gehe es nicht darum, was für oder gegen einzelne Orden oder Ehrentitel sprechen mag, sondern darum, was für oder gegen alle Orden oder Ehrentitel, gegen die Institution schlechthin, spricht.

PRO

1. Es macht dem Menschen Freude, sich »höheren Orts« anerkannt zu finden und solche Anerkennung auch weiterzuzeigen.
2. Orden und Ehrentitel geben denjenigen, die so etwas zu verleihen haben, die Möglichkeit, sich erkenntlich zu zeigen, ohne sich zu verausgaben.
3. Verdienste werden vergessen; Orden und Ehrentitel bleiben.
4. Auch »Professor«, auch »Doktor« sind oft nichts anderes als Ehrentitel, »Sir« und »Lady« natürlich erst recht. Wer ihnen zustimmt, kann anderen Orden und Ehrentiteln seine Zustimmung nicht prinzipiell versagen.
5. Als Orden und Ehrentitel finden auch Preise (etwa für Künstler und Schriftsteller) oder Mitgliedschaften in Akademien (in der Académie française, *par excellence*) Verwendung: Man sehe sich Künstler- und Gelehrtenbiographien an. Auch sie müßten abgelehnt werden, wo Orden und Ehrentitel generell abgelehnt werden.
6. Orden halten manchen Puff ab im Gedränge, meinte der Geheimrat von Goethe. Adelstitel hätten wenigstens das Gute, daß ihre Träger in englischen Gefängnissen anständig behandelt werden, meinte Lord Russell.

7. Die richtigen Titel garantieren auch anderswo gute Behandlung.
8. Orden schmücken jeden Frack und jede Uniform; das gilt um so mehr, je höher die Orden sind. Großkreuze mit Kette schmücken ganz ungemein.
9. Gegen Orden und Ehrentitel sind doch nur diejenigen, die selber keine haben.

CONTRA

1. Die höheren Orte wechseln. Manche Österreicher und Deutsche, zum Beispiel, waren nach 1945 gar nicht mehr so froh über Orden und Ehrentitel, die sie vor 1945 verliehen bekommen hatten.
2. Die von Königen, Fürsten, Lehnsherren verliehenen Orden und Ehrentitel mögen uns heute fragwürdig erscheinen; die von einer Bürokratie (mit Vorliebe an Bürokraten) verliehenen sind lächerlich.
3. Alle Versuche, Orden, Ehrenzeichen, Adelstitel breiter zu

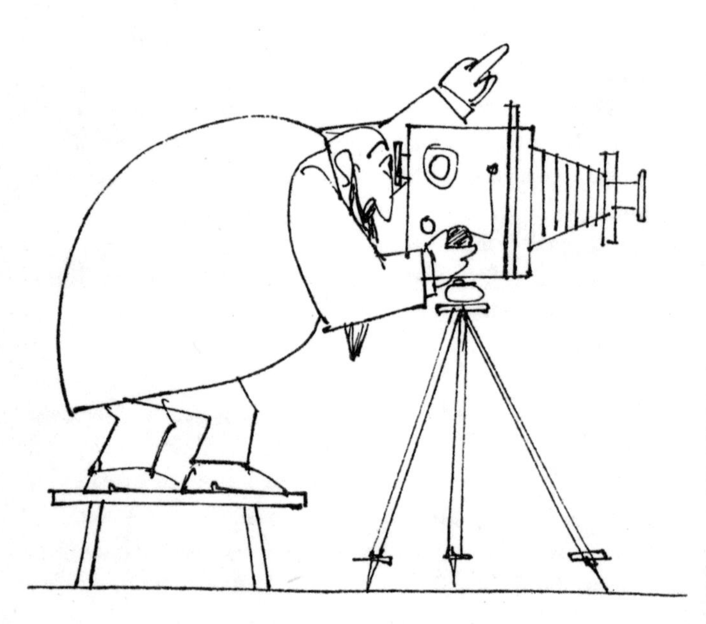

streuen, um wenigstens eine gewisse Gerechtigkeit nicht ganz auszuschließen, sind nach kühnen Anfängen immer wieder in die Routinegeleise von Privilegien eingemündet. Der erste Versuch dieser Art war übrigens das preußische »Eiserne Kreuz«.

4. Welcher Mensch, welches Gremium ist imstande, Verdienste anderer Menschen, anderer Gremien gerecht zu beurteilen? Behandelt jedermann nach seinem Verdienst – und wer ist vor Schlägen sicher?

5. So richtig es ist, auch »namhafte Preise« und Mitgliedschaften in illustren Vereinigungen als Ehrentitel zu verstehen, so bleibt da ein anderer Aspekt: Mit ihnen leistet die Gesellschaft auf unnötigen Umwegen notwendige Subventionen für Kunst und Wissenschaft, die sie ja haben will, die sich jedoch auf dem freien Markt nicht auszahlen.

6. Im allgemeinen werden Orden und Ehrentitel gar nicht für besondere Verdienste verliehen, sondern für erwiesenes oder erwünschtes Wohlverhalten des also Ausgezeichneten zugunsten der Ordensverleiher.

7. Kriegsauszeichnungen könnte man noch akzeptieren; wenn

man dabei nicht *nolens volens* auch akzeptierte, daß Kriege ausgezeichnet werden.

8. Es ist nicht recht einzusehen, warum Goethe hätte weniger gepufft und Lord Russell im Gefängnis anständiger behandelt werden sollen als – um in der Nachbarschaft zu bleiben – Heinrich Heine oder Ludwig Wittgenstein.

9. Wer trägt heute schon noch freiwillig Frack oder Uniform?

CONCLUSIO

Nach geduldigem Anhören von vielen Argumenten bin ich meiner ursprünglichen Überzeugung – radikal »contra« – nicht mehr so sicher wie vorher. Inzwischen frage ich mich, ob ich da nicht in Persönlichem, Allzupersönlichem befangen bin. Es gibt ja kaum einen Staat dieser Erde, in dem Orden nicht verliehen werden. Vielleicht ist es auch gar nicht möglich, die breite Skala zwischen Lebensrettungsmedaille und Verleihung erblichen Adels unter diesen Oberbegriff »Orden und Ehrentitel« zu bringen, vielleicht muß da auch im Grundsätzlichen differenziert werden (wie es sich mir bei den Preisen bezeichnenderweise aufdrängte). Mögen Ausnahmen wieder einmal die Regel bestätigen: die wenigen Länder, in denen keine Orden verliehen werden – Irland, die Schweiz und (bis auf ein paar kleine Ausrutscher wie den mit dem »Hanseatenkreuz«) Hamburg – bleiben mir besonders sympathisch.

Ehe und Familie

Offenbar um einem dringenden Anliegen abzuhelfen, hat der Westdeutsche Rundfunk unter seinen Hörern ermittelt, daß mehr als die Hälfte von der auf Ehe gegründeten Familie nichts mehr halten. Sie ziehen Wohngemeinschaften, Kommunen, freie Partnerschaften vor. Es steht zu fürchten, daß die Befragten wenig Gelegenheit hatten, nach allerlei Erfahrungen in Ruhe abzuwägen, was gegen Ehe und Familie spricht – und was dafür.

CONTRA

1. Familien werden von den Jungen und den Linken als Ausbund oder sogar Ursache des wenig geliebten »Bürgertums« gesehen.
2. Wo Ehen leicht scheidbar geworden sind, dienen sie schließlich nur noch den mit ihrem Schließen und Lösen beschäftigten Institutionen: Kirchen, Standesämtern, Rechtsanwälten.
3. Der Mensch ist nicht monogam.
4. Was auseinander will, kann heute kein Gott mehr zusammenhalten.
5. Niemand ist ungeeigneter für die Erziehung von Kindern als die eigenen Eltern.
6. Überall rebellieren Kinder gegen ihre Eltern.
7. Die Familie ist ein Hort der Reaktion gegen fortschrittliche Vorschulen, Schulen, Hochschulen.
8. Die Familie erhält Autoritätsstrukturen aufrecht, die abgebaut werden sollten.
9. Praktische Erfahrung lehrt doch: Es gibt kaum mehr Familien, in denen nicht die Kinder lieber frei von ihren Eltern oder die Eltern frei von ihren Kindern oder die Kinder frei von ihren Geschwistern oder die Eheleute frei voneinander wären – wenigstens zeitweise.

PRO

1. Das letzte Contra-Argument beruht, da kein einzelner wirklich umfassende Erfahrungen haben kann, auf unzulänglichen Statistiken, fragwürdigen Umfragen und dem Adverb »zeitweise«.

2. Das erste Contra-Argument beruht auf einer Illusion: In Wirklichkeit ist die Familie »Ausbund« oder »Ursache« aller zivilisierten Gesellschaften dieser Erde, der bürgerlichen wie der proletarischen, der kapitalistischen wie der sozialistischen, der abendländischen wie der morgenländischen, der christlichen wie der buddhistischen. Gewiß sehen diese Familien überall anders aus; aber sie sind einander doch alle noch erkennbar ähnlich.

3. Millionen von Ehen halten dreißig Jahre und länger. Es ist keine Kommune bekannt, die länger als zehn Jahre gehalten hätte.

4. Es wird heute nicht weniger und es wird jünger geheiratet als früher.

5. Die zahlreichen Ehescheidungen sprechen keineswegs gegen die Institution Ehe, denn: in den weitaus meisten Fällen ist einer der beiden Geschiedenen schon nach kurzem wieder verheiratet, oft sind es beide.

6. Eine Ehe könnte durchaus eine zweite Frau (und mehr, wie im Islam von Anfang an) oder einen zweiten Mann (was dem einen recht ist...) mit einschließen. Nicht auf Monogamie kommt es an, sondern auf Loyalität, die – schon und vor allem im Interesse der nächsten Generation – nicht beliebig kündbar ist.

7. Außer Pädagogen glaubt kein Mensch, daß Pädagogen generell zur Erziehung besser geeignet seien als die Eltern; denn es gibt nicht nur schlechte Eltern.

8. Man messe Wörter und ihre Inhalte an den Gefühlsintensitäten, die in sie – eine Art unbewußter Volksabstimmung über Generationen hinweg – unterbewußt eingegangen sind. »Zu Hause«, *»at home«*, *»chez nous«* schneiden dabei nicht schlecht ab.

9. Die Vorzüge von Kommunen, Wohngemeinschaften, freien Partnerschaften für Zwanzig- bis Dreißigjährige liegen auf der Hand. Sechzigjährige nehmen sich in Kommunen etwas sonderbar aus. Der größere Teil der Erdbevölkerung ist älter als dreißig.

CONCLUSIO

Es geht da sehr vieles durcheinander. Und sehr wenig davon ist rationalisierbar. Abzubauen wäre auf jeden Fall der Hochmut mancher Eheleute gegenüber anderen Formen der Partnerschaft. Unter den »großen Liebenden« dieser Welt von Zeus und Europa über Romeo und Julia bis zu Werther und Lotte waren nur wenige miteinander verheiratet. Auch haben Spartaner und Engländer gelehrt, daß es in der Tat lohnende Alternativen zur Kindererziehung im Elternhaus gibt. Schließlich hat auch nicht jede(r) die Chance, sich bewußt für diese oder jene Form des Zusammenlebens zu entscheiden – oft sind die Weichen längst gestellt, ehe der Zug abfährt. All diese verschiedenen Formen der Erfüllung menschlichen Zusammenlebens ergeben ein derartig breites Spektrum von Möglichkeiten, daß ich zögere, von »Ausnahmen« zu sprechen. Dennoch meine ich, daß auch in Zukunft wie von alters her Keimzelle der Menschheit die Familie bleiben wird. Die ja sehr elastisch ist, sehr bereit, Konflikte auszutragen, Spannungen auszuhalten, sich anzupassen. Vielleicht ist das sogar ihre wichtigste Funktion: den beinahe unerträglichen Generationenkonflikt durch »Personalisierung« auszuhalten. Was freilich besser gelingt, wo Familien nicht zwei Generationen (oder gar nur eine) umfassen, sondern drei oder vier. Es schiene mir interessant, einmal zu untersuchen, wieviel Konflikte in den Familien heute besser ausgetragen werden könnten, wenn die Großmütter nicht abgeschoben, in Altersheime verbannt worden wären, wo sie sinn- und nutzlos vor sich hin vegetieren.

Ein eigenes Haus

Bei ständig steigenden Preisen fragt sich wohl mancher, der zur Miete wohnt: wäre es nicht vernünftiger, Schulden zu machen, sich ein eigenes Haus zu kaufen und dann mit dem Mietgeld die ohnehin durch Inflation ständig sich verringernden Schulden abzubezahlen?

CONTRA

1. So ganz geht die Rechnung wohl nicht auf: daß die Summe von zehn oder zwanzig Jahresmieten ausreichte, sich ein eigenes Haus zu bauen. Drei Spezialgutachter kamen zu drei verschiedenen Ergebnissen. Statt ihrer stehe die allgemeine Überlegung: Wo zwanzig Jahresmieten den Preis des Hauses einbringen, erweisen sich die Vermieter als Wucherer, die gewissermaßen auf Kosten ihrer Mieter sich Häuser bauen.
2. Mit Schulden, Zinsen, Steuern, Maklern, mit Geld, das man nicht hat, umgehen: das will gelernt sein – sonst überwiegen die dadurch erzeugten Unlustgefühle den Lustgewinn durch das eigene Haus erheblich.
3. Ein eigenes Haus macht (bei Menschen anders als bei Schnekken) unbeweglich.
4. Da die Grundstückspreise in Ballungszentren für Normalverdiener unerschwinglich geworden sind, werden die Eigentumshäuser immer weiter an den Stadtrand oder ganz aus der Stadt hinausgedrängt, und das bedeutet: längere Wege zum Arbeitsplatz.
5. Was eigentlich macht die Freude am Eigentum aus in einer Zeit wachsender Sozialisierungstendenzen? Hat diese Freude nicht viel Spießbürgerliches? Dann seien die Kinder doch wenigstens »versorgt«? Man frage Kinder, deren Elternhäuser in Ostpreußen oder in Schlesien standen.
6. Die Abhängigkeit von Vermietern ist gewiß weder die einzige noch die beengendste aller Abhängigkeiten.

7. Wer nicht auch noch für ein Haus sorgen muß (Reparaturen, Steuern, Versicherung), hat viele Sorgen weniger.

PRO

1. Es sollte niemand von »Haus-Sorgen« frei leben wollen und dann die Hausbesitzer, die solche Sorgen auf sich nehmen, als kapitalistische »Ausbeuter« beschimpfen.
2. Die Gewinne auf dem Immobilienmarkt beweisen, daß die Rechnung (1. Contra-Argument) für einige Leute sehr wohl aufgeht.
3. Staatlich kontrollierte und indirekt subventionierte Wohnungsbaugesellschaften können jedem Normalverdiener zu einem eigenen Haus verhelfen – das englische Beispiel beweist es.
4. Wo Häuser nicht als ein' feste Burg für eine illusionäre Ewigkeit errichtet werden, stehen sie auch einem Ortswechsel nicht im Wege: man verkauft das eine und kauft dafür ein anderes – wie es in Amerika funktioniert.
5. Das eigene Haus kann viel besser als eine Mietwohnung auf persönliche Bedürfnisse zugeschnitten werden: drei kleine Zimmer oder ein großes? Wohnküche oder Kochnische? und so weiter.
6. Das eigene Haus, von dem geträumt wird, ist ein Haus mit Garten. Daran gemessen, ist der Inhaber einer landesüblichen Mietwohnung wirklich schlecht dran.
7. Gesetzt auch den Fall, die Rechnung stimmte nicht, daß einer für die Miete, die er im Laufe seines Erwerbslebens zahlt, ein eigenes Haus bauen könnte; gesetzt den Fall, er müßte zusätzlich noch einigen Konsumverzicht leisten, um sich ein eigenes Haus bauen zu können: Ist das nicht die beste, die einzige einigermaßen zuverlässige Altersversorgung, die ihm garantiert, daß er nach seinem 65. Lebensjahr wenigstens weiterhin unangefochten wohnen darf?
8. Die eigene Höhle, wo kein anderer ungestraft eindringen, sich einmischen, die Atzung stören, die Jungen belästigen darf – dort wenigstens nicht! – befriedigt einen Urtrieb des Säugetiers.

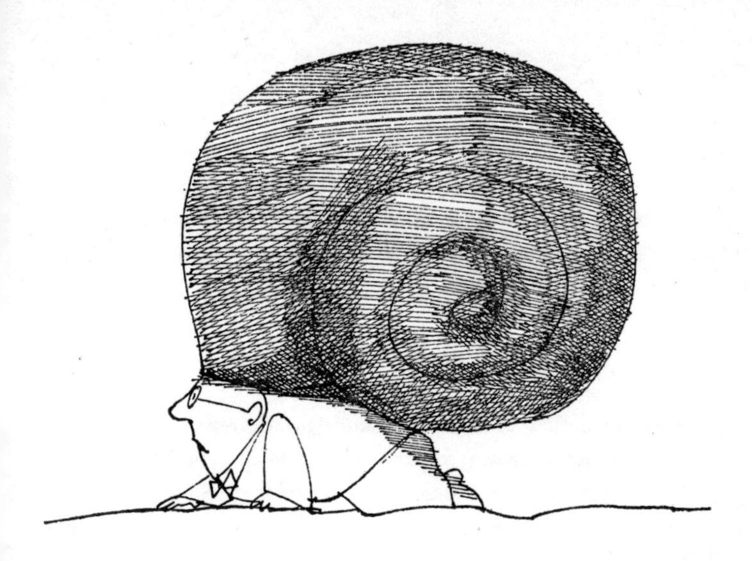

CONCLUSIO

Ich selber habe ein gebrochenes Verhältnis zum Eigentum, das mich meinen sozialistischen Freunden, die in eigenen Häusern wohnen, zuweilen entfremdet. Die Häuser, die meine Vorfahren bauten, liegen für mich entweder zu weit im Osten oder zu weit im Westen; sie wurden enteignet. Versuche ich abzusehen von persönlichen Erfahrungen, dann erscheint mir am erstrebenswertesten, da künftig am ehesten zu verwirklichen, ein Kompromiß, der sich ja auch allenthalben, wenigstens in den Großstädten, abzuzeichnen beginnt: die Wohnkommune, mit einerseits Eigentumswohnungen für das interne Familienleben, andererseits Gemeinschaftseinrichtungen, die, von vielen gemeinsam getragen, kein asozialer Luxus mehr sind: Garten, Kinderspielzimmer und Kinderspielplatz, Schwimmbad, Klubraum mit Bar, Fernsehen, Bibliothek . . . es darf weitergeträumt werden.

Kinder

Herr Wittig in Nürnberg hat eine Fernsehsendung gesehen, die ihn wenig befriedigte. Er hat uns daraufhin gebeten, doch einmal die Argumente zusammenzustellen, die dafür und die dagegen sprechen, daß Menschen Kinder zeugen.

CONTRA

1. Derjenige, dem es in Deutschland (Bundesrepublik) vor allem darauf ankommt, einigermaßen gut zu leben von dem, was er verdient – seien es im Monat 1500, seien es 5000 Mark brutto –, kann gar nichts Dümmeres tun, als Kinder zu zeugen; für jedes Kind könnte er sich lässig ein Auto leisten; die Kosten fürs Auto wären »in der Anschaffung« vielleicht ein wenig höher, dafür »in der Unterhaltung« eher niedriger und viel leichter kalkulierbar.
2. Kinder kosten nicht nur Geld; sie kosten auch Zeit und Nerven.
3. Was gibt es Schöneres auf der Welt, als nur sich selber und für sich selber verantwortlich zu sein? Kinder hintertreiben solche Bescheidung rigoros.
4. Ein Männer-Argument: Die Frau, die einen liebte, liebt nach der ersten Geburt auf einmal nur noch, oder doch wenigstens an erster Stelle, das Kind. Sie mußte ihm viel mehr opfern, als sie dem Mann je geopfert hätte. Man liebt sehr, wofür man sehr gelitten hat.
5. Ein Frauen-Argument: Es ist mißlich eingerichtet, daß immer nur die Frauen Kinder kriegen und daß diese Kinder während der ersten neun Monate ganz auf Kosten der Mütter leben, denen das heute zwar nur noch selten das Leben, aber immer noch Schönheit und Gesundheit kosten kann.
6. Es gibt keine drastischere Methode, sein Leben völlig zu verändern, als die, es mit Kindern anzureichern. Wer sein kinderloses Leben so, wie er (sie) es lebt, liebt, hüte sich. Wer es nicht

liebt, auch. Kinder sind, zum Beispiel, kein Klebemittel für kaputte Ehen.

7. Die Welt droht ohnehin (unter anderem) an Übervölkerung zugrunde zu gehen. Warum dazu selber noch beitragen?

8. Die Welt, die wir ihnen bereitet haben, ist keineswegs so beschaffen, daß Kinder unter allen Umständen dankbar sein müßten, in sie hineingeboren worden zu sein. Aber wenn sie sie verändern wollen, dann gefällt das den Eltern oft auch nicht.

PRO

1. Kinder sind nett, unschuldig, schnuckelig, putzig, entzückend, süß . . . aber gar nicht kitschig, die Worte der Erwachsenen machen sie erst dazu. Erwachsene fühlen sich durch sie, solange sie klein sind, gern daran erinnert, wie der Mensch vielleicht einmal gemeint gewesen sein könnte.

2. Es kann nicht gewollt sein, daß der Zeugungsvorgang völlig unabhängig gesehen wird vom möglichen Ergebnis, welches doch zuweilen auch das erwünschte Ergebnis sein muß. Die Natur läßt sich nicht betrügen.

3. Zu einem vollen Leben gehört das Zusammensein mit anderen Generationen: mit der nächsten (vielleicht auch übernächsten) wie mit der vorangegangenen (vielleicht auch vor-vorangegangenen). Fehlen Kinder, dann fehlen die elementarsten Voraussetzungen für ein solches voll erfülltes Leben.

4. Verantwortung für andere will gelernt sein. Vielleicht haben Kinder da eine Lektion zu geben.

5. Auch von den Kindern, die ihren Eltern, wie es scheint, nicht sehr dankbar sind für ihr Leben, sind doch nur sehr wenige bereit, es ihnen (oder der Natur) zurückzugeben.

6. Eine Gesellschaft, die keine Kinder mehr will, verliert damit Zukunft und Daseinsberechtigung. Wenn die Älteren nicht mehr bereit sind, für die Jungen zu sorgen, wird es bald keine Jüngeren mehr geben, die für die Alten sorgen können – und sei es auch nur dadurch, daß sie die Einlösung von Pensionsansprüchen möglich machen.

CONCLUSIO

Ich kann mir ein erfülltes Leben auch ohne eigene Kinder vorstellen – ohne jeden Kontakt mit Kindern allerdings nicht. Eltern, die eigene Kinder nicht haben wollen oder können, sollten viel mehr Gebrauch machen von den Möglichkeiten der Adoption, wie sie vor allem in Schweden so vorbildlich wahrgenommen werden. Sie trügen damit auch dazu bei, das Argument von der Übervölkerung der Erde zu entschärfen. Es wird noch immer viel zu leicht genommen, weil es von den Lebenden keinen mehr allzu schmerzlich trifft. Ein wissenschaftliches Zeitalter kann die Planung nicht dem lieben Gott überlassen. Die Regierenden haben durch materielle Zuwendungen an die Mutter oder an die Eltern (Kindergeld, Steuervergünstigungen) oder, vielleicht besser noch, direkt an die Kinder (Kindergärten, Spielplätze, Ganztagsschulen) dafür zu sorgen, daß erwünschte Kinder leben können; aber auch (durch großzügig gehandhabte Geburtenkontrolle) dafür, daß unerwünschte Kinder nicht leben müssen.

Hunde

Wer von uns hätte nicht schon auf »diesen Köter« geschimpft? Und wie viele von uns waren schon empört, wenn »dieser Köter« nun gerade ihr Liebling war? Müssen wir uns mit »diesen Kötern« abfinden? Doch ganz sicher nicht. Es bedürfte nur eines Beschlusses, sie abzuschaffen – so wie wir die Pferde (weitgehend) und die Maikäfer (völlig) abgeschafft haben. Die Stadt Hamburg, zum Beispiel, ist dabei, Hunde »abzuschaffen«, indem sie Hundesteuern erhebt, die für Normalverdiener prohibitiv sind. Was spricht eigentlich gegen Hunde – und was für sie?

CONTRA

1. Hunde bellen (Lärmbelästigung) und beißen (schwere Körperverletzung).
2. Hunde verschmutzen die Welt und die Umwelt.
3. Hunde wollen gepflegt und gefüttert sein, kosten Steuer, haben Krankheiten, werden aus vielen Restaurants und Hotels verbannt, dürfen nicht ins Ausland (verschiedene Länder praktizieren verschiedene Restriktionen gegen den »Import« von Hunden) – kurz: Hunde sind für die von ihnen Besessenen ziemlich lästig.
4. Unangenehme Menschen lieben Hunde statt ihresgleichen.

PRO

1. Der Volksmund sagt: Hunde, die bellen, beißen nicht. Also sollten wir froh sein, wenn sie bellen.
2. Die gefährliche Umweltverschmutzung, von der die zuständigen Forscher nachgewiesen haben, daß sie nicht weniger als die Existenz der Menschheit gefährdet, hat mit Hunden überhaupt nichts zu tun. Im Gegenteil: Rousseaus Welt der schönen Wilden, nach denen sich die im Zivilisationsmüll erstickte Menschheit doch zuweilen zurücksehnt, war eine Welt der Tiere.

3. Wer Hunde liebt, tut auch etwas für sie. Er wird dafür belohnt durch die sprichwörtliche Treue des Hundes. Er sollte darüber hinaus, ganz ohne Belohnung, auch etwas für seine hundefremden Mitmenschen tun und ihnen so weit wie irgend möglich unerwünschten Kontakt mit Hunden oder hündischen Lebensäußerungen (von Lärm bis Kot) ersparen.
4. Hunde sind die besten Gefährten der Einsamen und ein guter Schutz der Schutzlosen.

CONCLUSIO

Ich glaube, auch Hunde wollen leben – und haben ein Recht darauf. Menschen neigen dazu, sehr egoistisch sich allein für die Herren der Welt zu halten und Tiere nur noch für ihre Zwecke, zum Reiten etwa oder zum Fressen, zu dulden. Ich könnte mir vorstellen, daß die Welt aus dem biologischen Gleichgewicht geriete, wenn die Ausrottung der Tiere so weitergeht. In der Welt meiner Kindheit gab es noch Pferde und Kühe und Schafe und Ziegen und Hunde und Hühner und Katzen und Igel und Kaninchen und Hamster und viele, viele Vögel; man begegnete ihnen täglich. Welches Großstadtkind begegnet heute außerhalb der zoologischen Gärten noch einem Tier – außer allenfalls einem Wellensittich oder eben einem Hund? Und nun sollten wir auch die Hunde noch abschaffen, weil sie manchmal ein bißchen lästig sind? Ich bin dagegen. Der den Noah warnte und ihn eine Arche bauen hieß, hatte sicher gute Gründe, als er nicht wollte, daß die Menschen allein überleben.

Weihnachten

Jedes Jahr mindestens einmal drängt sich die Frage auf, ob und mit welchem Recht wir Weihnachten feiern können. Sie ist durch rationale Überlegungen kaum zu beantworten. Sei's drum: der Versuch soll dennoch gemacht werden.

CONTRA

1. Was kann dabei Gutes herauskommen, wenn die Menschen einen Geburtstag feiern, an dessen aktuelle Relevanz die meisten von ihnen nicht mehr glauben.
2. Wo gefeiert wird, wenn nur wenige an einen Grund zum Feiern glauben, machen Heuchelei und Sentimentalität sich breit.
3. Deutsche Innigkeit und Innerlichkeit zeigen sich von ihrer schlimmsten Seite, wenn Krippen unter Tannenbäume gestellt und sinnlos süße Lieder intoniert werden.
4. Den Nächsten zwei Tage von 365 zu lieben – das ist ein allzu billiger Ausweg aus der Lieblosigkeit.
5. Ernsthafte Christen fühlen sich unangenehm berührt durch Weihnachtsformen, die sich offenbar wieder zurückentwickelt haben zu ihren heidnischen Herkünften.
6. Im Grunde ist Weihnachten doch nur noch das Fest des Einzelhandels und der Kaufhäuser. Es unterstützt also genau jenen Konsum-Fetischismus, der der größte Feind eines christlichen wie eines humanistischen Weltverständnisses ist.
7. Schenken ist schön. Aber zu Weihnachten werden am meisten die beschenkt, die ohnehin am meisten haben; und am wenigsten die, die es am nötigsten hätten.

PRO

1. Die Gesellschaft, in der wir leben, bekennt sich – zumindest formell – mit großer Mehrheit zum Christentum. Also ist es richtig, die Geburt Christi – zumindest formell – zu feiern.

2. Jede Unterbrechung der Alltagsroutine durch Feiertage macht das Leben lebenswerter. Solange wir allgemein akzeptierte neue Feiertage nicht haben – laßt uns um Himmels willen an den alten festhalten.
3. Noch der blödeste Geschenkeeinkaufsrummel demonstriert, und fördert dadurch, eine notwendige menschliche Fähigkeit, die allzu leicht zu verkümmern droht: die Fähigkeit, an andere zu denken.
4. Mögen viele Aufwendungen zu Weihnachten als Lösegelder eines schlechten Gewissens ganz richtig gesehen werden: Wäre es denn besser, wenn schlechtes Gewissen uneingelöst bliebe? Mit anderen Worten: Wir schaffen doch nicht das schlechte Gewissen ab, wenn wir Weihnachten abschaffen.
5. Vielen Erwachsenen käme die Abschaffung des Weihnachtsfestes ganz recht. Aber entscheiden darüber müßten doch die – so wie die Dinge nun einmal liegen – am meisten Betroffenen: die Kinder. Ihnen ist jeder Vorwand recht, etwas geschenkt zu bekommen. Nur den Kindern? »Weihnachtsgratifikationen«, welcher Art auch immer, nehmen doch offenbar auch diejenigen gern in Anspruch, die von Weihnachten nichts halten.
6. Wenn es Weihnachten nicht schon gäbe, müßte man es erfinden – und dann, wie gehabt, »hohe Nacht der klaren Sterne« oder »Wintersonnenwende« oder, nach kubanischem Muster, »Tag der Kinder« nennen; zu unerträglich wäre sonst, in unseren

Breiten anders als in Kuba, die lange Zeit des Nebels und des Schneematsches zwischen November und März.

7. Ein Fest der Liebe: Auch wer das viel leichter parodieren als mitmachen, liebend mitmachen kann, sollte sich fragen, ob er wirklich eine Welt will, in der alle Sentimentalitäten (wenn wir Gefühle, die für sich selber mehr beanspruchen, schon auf den niedrigsten Kurswert bringen) ersetzt würden durch rationelle Nüchternheit.

CONCLUSIO

Wer abwägt, macht es sich schwer. Es ist so leicht, sich auf die Seite derjenigen zu schlagen, die Weihnachten »einfach lächerlich« finden; oder auf die Seite derjenigen, die auf jeden Zweifel am Sinn des Weihnachtsfestes mit Empörung antworten. Gute Gründe, am Sinn dieses Festes zu zweifeln, gibt es wahrhaftig genug. Aber keiner ist so gut, daß er trüge. Mit dem »Abschaffen« ist es ja nicht getan; das »Anschaffen« ist viel schwerer. »Systemveränderungen« können nur dann wünschenswert sein, wenn an die Stelle eines schlechteren Alten ein besseres Neues tritt. Niemand will am 25. Dezember gern in die Fabrik, ins Büro, in die Redaktion, in den Betrieb gehen (ein paar von uns müssen). Und die Kinder wollen, daß Weihnachten stattfindet. Sogar Jesus Superstar will es. Solange die Majorität derer, die viele und oft berechtigte Einwände gegen Weihnachten haben, der Minorität, die von allen Zweifeln ungetrübt an den Sinn des Festes glaubt, nichts entgegensetzen kann, was Weihnachten überflüssig machte, lohnt es sich festzuhalten an der alten Formel: Fröhliche Weihnachten und Friede auf Erden den Menschen, die guten Willens sind!

Kongresse

In Amerika heißen sie *»conventions«*. Und von Amerika haben wir, wenn ich das richtig sehe, die Mode übernommen, daß jede Interessengruppe, die irgend etwas auf sich hält, mindestens einmal im Jahr zu einem Kongreß sich trifft. Vielinteressierte, Journalisten *par excellence*, könnten das ganze Jahr auf Kongressen verbringen. Aber auch von solchen Exzessen abgesehen – was spricht eigentlich für diese Tausende und aber Tausende von Versammlungen, die sich von beliebter teutonischer Vereinsmeierei nur dadurch unterscheiden, daß sie an fernem (möglichst reizvollem) Ort stattfinden – und daher natürlich auch etwas länger dauern als einen fröhlichen Abend lang?

CONTRA

1. Von zehn Kongressen hat noch nicht einer ein greifbares, ein nützliches Ergebnis.
2. Das meiste von dem, was auf Kongressen vorgelesen und besprochen wird, ließe sich auch schriftlich unter den Interessenten verbreiten.
3. Kongresse sind ein eminent luxuriöser Zeitvertreib, was nur dadurch nicht so sehr auffällt, daß ihre Kosten selten von dem einzelnen Teilnehmer getragen werden. (Zumindest sind sie im Normalfall »steuerabzugsfähig«.)
4. Auch volkswirtschaftlich gesehen sind Kongresse ungeheuer aufwendige Veranstaltungen, wie es sich zum Beispiel deutlich zeigte, als der Treibstoff anfing knapp zu werden.
5. Kongresse sind Ferienveranstaltungen für Privilegierte.
6. Kongresse haben mit einer verwandten Zeitkrankheit, die »Betriebsausflug« heißt, gemeinsam, daß sie das Familienleben ruinieren.
7. Kongresse dienen nur der »Image«-Pflege ihrer Veranstalter.
8. Männer, die mit Namensschildchen am Revers in Luxushotels geschäftig tun, hin und her, liftrauf liftrunter eilend, machen

sich lächerlich. Frauen veranstalten Kongresse allenfalls aus Rache.

PRO

1. Es ist im Leben gar so schön, wenn Freunde (Kollegen) sich mal wiedersehn.
2. Wo gleich und gleich sich gesellt, wird eben doch manches auch vermittelt, was sich schriftlich nicht vermitteln ließe.
3. Das Gaststättengewerbe, ein ganzer liebenswerter Berufszweig, müßte verdorren ohne Kongresse, *conventions*, Betriebsausflüge, Reisegruppen oder wie immer sich solche artverwandten Kollektivunternehmen nennen mögen.
4. Familien erholen sich, wenn Vater ein paar Tage weg ist. Vater erholt sich auch.
5. Typen wie Kongreßteilnehmer leisten sich viel zu selten Ferien. Laßt ihnen doch ihren Kongreß als Vorwand.
6. Bewegung soll ja wohl sein. Ganz privat sich zu bewegen, wird immer unerschwinglicher.
7. Für den Teilnehmer verbindet sich in einem Kongreß Freizeitgestaltung mit gutem Gewissen.
8. Auf manchen Kongressen wird auch richtig und Wichtiges gearbeitet; sie sind eine notwendige Form der Arbeit im Kollektiv.

CONCLUSIO

Verwöhnt mit Einladungen zu Kongressen, liebe ich Kongresse und Tagungen nicht sehr und gehe so selten wie möglich hin. Irgend etwas Neues – eine Anregung, ein Kontakt, ein Artikel – ergibt sich dann aber doch meistens. Ohne die Tagungen der Gruppe 47 selig verstünde ich zum Beispiel weniger von deutscher Literatur. Freilich kann gerade die Geschichte dieser Tagungen zeigen, daß ein der Sache nicht mehr angemessener Aufwand tödlich ist: Nachdem die Gruppe in Schweden und am Ende gar noch in Amerika getagt hatte, verschied sie. Ich fürchte, Kongresse, *conventions*, Tagungen werden die entscheidenden

Kollektiverlebnisse der Zukunft sein. Und da mir gute Hotels, elegante Bars und gepflegte Restaurants als liebens- und daher erhaltenswerte Institutionen erscheinen, sehe ich wenig Grund, diesen Trend, der sich ohnehin durchsetzen wird, nicht zu akzeptieren. Da auch Gewerkschaften und Arbeiterparteien Kongresse abhalten (und das oft in den luxuriösesten Hotels mit der angenehmsten Umgebung), da Delegationen (kongreßähnliche Kollektivgebilde) auch in den sozialistischen Staaten florieren, hoffe ich, keinen »Klassenstandpunkt« zu vertreten, wenn ich mich am Ende und ohne allzuviel persönliche Anteilnahme für PRO entscheide.

Bewirtungsspesen

»Bewirtung von Geschäftsfreunden« darf, sofern sie in einem Restaurant stattfindet und ordnungsgemäß quittiert wird, vom steuerpflichtigen Einkommen abgesetzt werden. Viele haben Angst, eine sozialistische Regierung könnte unter dem Druck ihres linken Flügels dahin kommen, dieses »Privileg für Reiche« zu streichen. Sollte es bestehen bleiben?

CONTRA

1. Es ist nicht einzusehen, warum ausgerechnet die Leute, die es am ehesten bezahlen können, auch noch kostenlos essen sollen.
2. So entsteht eine Privilegierten-Klasse der feinen Austern-Verzehrer, durch eine soziale Kluft getrennt von der Masse der Quark- und Kartoffel-Esser.
3. Es gibt die berüchtigten »Spesen-Ritter«, die durch Ausschöpfen aller Steuervergünstigungen, oft am Rande der Legalität, ihr Einkommen drastisch erhöhen.
4. Erst kommt das Fressen – und dann kommt die Moral noch lange nicht.
5. Die auf Kosten des Steuerzahlers Dicken sind widerwärtig.
6. Unnötigen Neid erregende Luxus-Etablissements würden verschwinden, wenn sie nicht auf Kosten des Steuerzahlers am Leben gehalten würden.
7. All diese Steuerprivilegien sollten überhaupt abgebaut werden, um die Lasten auf alle Steuerzahler gleichmäßiger zu verteilen.

PRO

1. Es kann gar keine Rede davon sein, daß die Bewirtenden »kostenlos essen«. Denn erstens bestimmt das Gesetz, daß ihr Eigenverzehr von der Bewirtung abgezogen wird; und zweitens müssen sie die Bewirtung ja zunächst einmal bezahlen, etwa die Hälfte davon aus versteuertem Einkommen.

2. Die wirklich Reichen sind auf Bewirtungsspesen (ihrer Gastgeber) nicht angewiesen; sie könnten sich ihre Austern auch selber kaufen.

3. Bewirtungen dienen der Erleichterung von Kontakten, wirtschaftlichen, aber auch politischen und gesellschaftlichen. Sie werden daher in aller Welt subventioniert – auch in den sozialistischen Ländern.

4. Wo Bewirtungen wirklich notwendiger Kontaktpflege dienen, tragen sie bei zu Produktion und neuem Steueraufkommen, das gewiß um ein Vielfaches höher ist als das, was der Fiskus durch die Bewirtungsspesen verliert.

5. So lustig, daß sie irgend jemandes Neid erwecken müßten, sind diese *business lunches* und *conventions* nur selten. Wenig Lustgewinn bringen sie dem Manager, der sich um seine Linie sorgt und/oder um seine Gesundheit.

6. Hart getroffen würde von einer Streichung oder Reduzierung der Bewirtungsspesen nur das Beherbergungs- und Gaststättengewerbe: eine Industrie, deren Umsatz das Doppelte von dem des Kohlebergbaus und immerhin noch fast die Hälfte von dem der chemischen Industrie ausmacht. Sie beschäftigt 750 000 Arbeitnehmer – und das sind weder Superreiche noch Reiche, sondern im Durchschnitt schwer arbeitende und für diese Arbeit mühsam entlohnte Leute.

7. Wer diese Industrie kaputtmacht, macht nicht nur für Tausende den Arbeitsplatz kaputt, sondern beseitigt eine Kultur der Gastronomie, die unser Land Fremden angenehm machen, also auch wieder Geld einbringenden Tourismus fördern und den meisten von uns den Wunschtraum erfüllen kann: doch wenigstens einmal im Jahr »groß auszugehen«. Von unseren Geburtstags- und Hochzeitsfeiern allein können diese Lokale nicht leben. Vier von fünf müßten schließen, wenn zu all ihren ohnehin großen Schwierigkeiten (es wird von Jahr zu Jahr schwerer, gutes Personal zu finden) noch hinzu käme, daß ihnen die Geschäftskunden wegblieben.

CONCLUSIO

Ich glaube, daß hier und da mit Spesen asozialer Unfug getrieben wird und daß noch mehr getan werden könnte, Mißbrauch der Spesengesetzgebung einzuschränken. An Bewirtungsspesen jedoch kann sich keiner tatsächlich bereichern: er zahlt in jedem Falle zu. Der radikale Abbau aller Steuerprivilegien (also: jeder zahlt für jede verdiente Mark vierzig Pfennig Steuern) träfe niemanden härter als den kleinen Mann, der ja vom Finanzamt bewußt geschont wird. Differenzierungen müssen sein. Daß in Deutschland daraus eine für Laien nicht mehr überschaubare Spezialwissenschaft werden mußte, die von Cleveren rücksichtslos ausgenutzt werden kann, das liegt an der uns angeborenen Neigung, immer alles zu übertreiben. Würden die Bewirtungsspesen gestrichen, dann wäre der Gewinn nicht sehr groß (keine Bundesregierung wird es sich nehmen lassen, trotzdem viele Millionen zum Beispiel in den Ausbau von Hotels für Staatsbesuche zu stecken), der Schaden aber wäre unabsehbar.

Großstadt

Folgende Situation sei vorgestellt: Ein Mensch, den wir X nennen wollen – wobei fast jeder von uns an die Stelle der Unbekannten einen Bekannten zu setzen wüßte –, will, sagen wir als Arzt, sich niederlassen, und er hat die Wahl zwischen einer Praxis in der Großstadt und einer Praxis auf dem Land. Dabei wollen wir von Besonderheiten des Arztberufes absehen; denn es soll hier ja nicht auf den Beruf, sondern auf die Großstadt hinauslaufen.

CONTRA

1. In der Anonymität der Großstadtgesellschaft wird einer zur Nummer, zum kleinen Rädchen in einem riesigen, kaum mehr überschaubaren Getriebe; man kennt die Nachbarn nicht (und die Patienten nicht) und den Bürgermeister nur aus der Zeitung.
2. Die allenthalben zu beklagende Verschmutzung der Umwelt erreicht in den Großstädten lebensgefährliche Grade. Das Leben auf dem Lande ist gesünder.
3. Die wichtigsten Lebensmittel sind in der Großstadt teurer als auf dem Lande.
4. Einigermaßen zentral gelegene Wohnungen in der Großstadt sind – da um jeden Quadratmeter auch Firmen mitbieten für ihre Büros und Konzerne für ihre Warenhäuser – sehr teuer, für Normalverdiener oft nicht mehr zu bezahlen. Etwas früher so Selbstverständliches wie ein Garten ist im Zentrum der Großstädte zum unerschwinglichen Luxus geworden.
5. Weil das vierte Contra-Argument so wahr ist, landete schon mancher, der in die Großstadt wollte, im Suburbia der Vorstädte und Schlafstädte, die nun ebenso weit entfernt sind von den Attraktionen der Großstadt wie von der Natürlichkeit des Landlebens.
6. Landbewohner sind kräftig und gesund, Großstädter kränklich und dekadent.

7. Man sieht es doch, wie an Wochenenden und im Urlaub die Großstädter hinausdrängen aufs Land!

PRO

1. Die »Natürlichkeit des Landlebens« – wo gibt es sie denn noch? Heißt die Alternative zur Großstadt nicht bald überall und allenthalben Suburbia? Werden die paar grünen Oasen in den Asphalt- und Betonwüsten nicht mehr und mehr zum Anachronismus? Sind es nicht nur sentimentaler Romantizismus und spätbürgerlicher Egoismus, die an ihnen festhalten wollen?
2. Gewiß kostet das Leben in den Großstädten mehr als auf dem Lande. Aber Berufsausübung in der Großstadt bringt auch mehr ein, bietet dem einzelnen mehr Chancen, sich zu verbessern.

3. Großstädte haben bessere Schulen, bessere Theater, bessere Orchester, bessere Bibliotheken, bessere Kinos, bessere Kneipen und manchmal eine Universität, das heißt: sie haben ein »kulturelles Leben«.
4. Großstädte haben mehr und bessere »soziale Einrichtungen«: Kindergärten, Einkaufszentren, Krankenhäuser, Sportplätze, Schwimmbäder, Altersheime.
5. Wer Gesellschaft sucht, findet die für ihn passende in einer Großstadt doch leichter als auf dem Lande – und kann dann die persönliche Bekanntschaft mit dem Bürgermeister wohl entbehren.
6. Provinzler leben hinter dem Mond; Großstädter sind *au courant.*
7. Man sieht es doch, wie an Wochenenden und im Urlaub die Leute vom Lande hineindrängen in die Großstadt!

CONCLUSIO

Wie (beinahe) jeder Großstädter habe ich mir schon oft vorgestellt, wie herrlich frei von Lärm, Schmutz, Beton, Hektik und finanziellen Sorgen ich »auf dem Lande« leben könnte – auf Sylt oder im Schwarzwald oder in Tirol mit Paul Flora oder in der Provence oder in Cornwall. Wie die meisten Großstädter habe ich die Erfahrung gemacht, daß das friedliche Landleben sich als Stoff für Träume besser eignet als für waches Bewußtsein. Wäre Wien dann nicht doch besser als Tirol, Paris nicht doch besser als die Provence, London nicht doch besser als Cornwall? Ich weiß es nicht. Also muß ich mich nicht unnötig darüber grämen, daß ich (wie wohl neun Zehntel von uns) eigentlich gar keine freie Wahl habe. Ich bleibe in Hamburg. Dabei trifft es sich glücklich, daß dies die deutsche Großstadt ist, in der ich, von England her kommend, am liebsten lebe. Andere möchten nur in München oder nur in Berlin, wohl auch nur in Düsseldorf oder nur in Köln oder nur in Stuttgart leben. In sehr vielen Fällen ist also »die Großstadt« gar nicht wirklich die Alternative, sondern es schließt sich sofort die Frage an: Von welcher Großstadt ist eigentlich die Rede?

Unsere Klassengesellschaft

Hier gehe es nicht um die Frage, was für oder gegen eine Klassengesellschaft spricht. Gefragt ist allein danach, wie sinnvoll es ist, die Gesellschaft, in der wir leben, als »Klassengesellschaft« zu beschreiben. Was spricht dafür, was spricht dagegen? – Zu den üblichen Schwierigkeiten, komplexe Ansichten und Überzeugungen in einige wenige Argumente pro und contra aufzulösen, kommt hier noch eine ganz fundamentale Schwierigkeit mit der Sprache. Marxisten haben sich ihre eigene Terminologie geschaffen. Verwende ich Begriffe wie »Überbau« oder »Mehrwert«, dann habe ich scheinbar schon anerkannt, daß diesen Wörtern auch Sachverhalte entsprechen, die so beschrieben werden können. Vermeide ich diese Begriffe ganz, dann wird der Marxist seine Überzeugungen falsch dargestellt finden. Alles, was man da tun kann, ist: sich um einen möglichst allgemeinverständlichen Kompromiß zu bemühen und um Nachsicht zu bitten. Eingeschworenen Marxisten erscheint dieses Verfahren so »läppisch« (»naiv«, »manipuliert«, »bürgerlich«), wie jede Diskussion ihnen erscheint, die Zweifel an marxistischen Glaubenssätzen zuläßt.

PRO

1. Es ist doch nicht zu leugnen, daß das Leben jedes einzelnen und sein Verhältnis zur Gesellschaft durch ökonomische Verhältnisse bestimmt wird.
2. Entscheidend ist dabei vor allem, wer über Investitionen, und damit über die materielle Basis unserer Existenz, bestimmt. In der kapitalistischen Klassengesellschaft bestimmt eine kleine Gruppe von Unternehmern oder von Leuten, die im Auftrag und im Interesse von Unternehmern handeln.
3. Nach den kapitalistischen Marktgesetzen müssen Investitionen privater Unternehmer »Profitmaximierung« anstreben; es muß, mit anderen Worten, ohne Rücksicht auf die wirklichen

Bedürfnisse alles produziert werden, was sich mit möglichst hohem Gewinn verkaufen läßt – auch Unnützes, auch Schädliches.

4. Die relativ kleine Gruppe der Unternehmer wird zur Klasse der Bourgeoisie durch all die vielen, die von der »Revenue«, vom Gewinn der Unternehmer, leben – exemplarisches Beispiel: die Beamten – und die deswegen das bestehende sozio-ökonomische System rechtfertigen und verteidigen.

5. Zwischen der Bourgeoisie (den Unternehmern und ihren Rechtfertigern) und dem Proletariat (das nur seine Arbeitskraft und sonst nichts besitzt) gibt es die Schicht der Kleinbürger, für die ihre Arbeitskraft zwar nicht der einzige, aber der wichtigste Besitz ist.

6. Wenn die Klassengegensätze sich nicht mit voller Deutlichkeit auch als Gegensätze zwischen arm und reich manifestieren, wenn es breit gefächerte Einkommen gibt, so darf das nicht darüber hinwegtäuschen, daß diese Gesellschaft noch weit von dem Zustand der Gleichheit entfernt ist und die Unterprivilegierten nach wie vor gegen den Widerstand der Privilegierten sich Rechte zu erkämpfen haben.

7. Es ist nicht zu leugnen, daß es in dieser Gesellschaft Herrschende und Beherrschte gibt, Ausbeuter und Ausgebeutete.

8. In einer gerechten demokratischen Gesellschaft sollte es unmöglich sein, daß jemand schon durch seine Geburt in den Genuß von Privilegien kommt (wie sie zum Beispiel Vermögen gewährt).

9. In einer solchen Gesellschaft sollte es auch nicht möglich sein, daß jemand im Luxus lebt, ohne zu arbeiten.

10. Die elementarsten und strukturbildenden Antagonismen unserer Gesellschaft sind ökonomisch bedingt; die Epoche des Spätkapitalismus, in der wir uns befinden, wird bestimmt durch den Klassenkampf zwischen Bourgeoisie und Proletariat.

CONTRA

1. Die marxistische Weltauffassung hält Gegenargumenten immer um so besser stand, je stärker sie abstrahiert, je weniger sie sich auf konkrete Beobachtungen und Vergleiche einläßt; nicht

zufällig betrachtet sie Pragmatismus und Positivismus als Feinde.

2. Die Entscheidungsbefugnisse der Unternehmer sind seit den Zeiten des Karl Marx und des Manchester-Liberalismus erheblich eingeengt worden. Ein Spielraum für unverantwortliche Willkür mag manchen noch geblieben sein. Aber wer wollte darauf allein die allumfassende Konzeption einer »Klassengesellschaft« gründen?

3. Größtes Mißtrauen scheint angebracht, wo Planer und Ideologen die »wirklichen Bedürfnisse« der Menschen besser zu kennen vorgeben, als die Menschen selber ihre Bedürfnisse kennen. Zu einer gewissen Vernunft des Verbrauchs führt am ehesten eine vernünftige Verbraucheraufklärung. Kein profitgieriger Unternehmer kann sie verhindern, wenn die Aufklärer nicht korrupt oder feige sind.

4. Von irgendeiner »Revenue« leben wir alle – die Angestellten eines staatlichen Betriebes kein bißchen anders als die Angestellten eines privaten Betriebes. Die gesellschaftliche Stellung des deutschen Beamten ist nicht »system-immanent«, ist ein Sonderfall – es gibt sie im kapitalistischen Amerika so wenig wie im kommunistischen Rußland.

5. Welcher Klasse, bitte, gehören die folgenden Leute an: ein Bauer in der DDR? ein Bauer in der BRD? ein Unteroffizier?

eine Chefsekretärin? ein Pfarrer? ein Klempnermeister? ein kommunistischer Schlagersänger im Westen? der Chefredakteur einer kommunistischen Zeitung? ein Professor, der CDU wählt? ein Professor, der DKP wählt? ein Taxichauffeur, der seinen eigenen Wagen besitzt? eine Oberschwester? ein Oberkellner (Liste beliebig verlängerbar)? Herrschen sie? Werden sie beherrscht? Beuten sie aus? Werden sie ausgebeutet? Die Frage scheint mir nicht dadurch beantwortet, daß man einige dieser Berufe dem »Überbau« zuweist, für andere an der Basis Zwischenschichten interpoliert wie die des »Kleinbürgers«. Bei mehr als zwei Klassen geht doch gerade die feindselige Polarität, auf die die Theorie von der Klassengesellschaft am Ende hinaus will, immer mehr verloren. Wo die »Klassengesellschaft« aufgelöst wird in eine sehr viel differenziertere sozio-ökonomische Schichtung, hat die Vorstellung überhaupt nichts Revolutionäres mehr, werden sich alle Soziologen mehr oder minder einverstanden erklären.

6. Mit »Verschleierung« ist niemandem gedient. Mit Ausweitung der präzise gestellten Frage, ob es sinnvoll ist, unsere Gesellschaft als eine »Klassengesellschaft« zu beschreiben, ebensowenig. Für Chancengleichheit kämpfen auch Liberale, die eine totale Gleichmacherei für a) impraktikabel, b) nicht wünschenswert halten. Eine Gesellschaft, in der die tausendfältige, nicht polarisierbare Ungleichheit der Befähigungen wie der Bedürfnisse anerkannt würde, wäre dadurch noch keine »Klassengesellschaft«.

7. Viele »herrschen«, »werden beherrscht«; und die meisten herrschen in dem einen Bereich (vielleicht im Betrieb) und werden beherrscht in einem anderen (vielleicht in der Familie) – oder umgekehrt. Kann man darauf ein System bauen? Hegel hat es versucht – aber sein »Herr« und sein »Knecht« schwanken heute als abstrakte Metaphern durch ein verlorenes Reich des Absoluten.

8. In der Tat sind ererbte Privilegien mit streng demokratischen Auffassungen schwer vereinbar. Auch radikal Liberale wollen sie abschaffen. Mit einem freilich muß man dabei behutsam umgehen: mit dem ökonomisch wie biologisch eminent nützlichen Trieb des Säugetiers, für seine Jungen zu sorgen.

9. Es will doch wohl niemand im Ernst das Konzept einer »Klassengesellschaft« auf die paar Playboys und Playgirls gründen, die *»bourgeois oisifs«*, die mit unverdienten Hundertmarkscheinen um sich werfen. Ob unsere Gesellschaft sich solche (und andere, weniger reiche) produktionsscheue Figuren leisten kann, die ja auf ihre Art sehr tätig sind, sogar wohltätig, die den Duft der großen weiten Welt in unsere bescheidenen Wohnzimmer bringen und deren versammeltes Einkommen nicht ausreichte, auch nur ein einziges Kampfgeschwader auszurüsten, scheint einiger Zweckmäßigkeitsüberlegungen wert – aber keines Klassenkampfes.

CONCLUSIO

Mein Versuch, mich von den Pro-Argumenten überzeugen zu lassen, ist mißlungen – auch nachdem Freunde und Kollegen, die dem Marxismus näherstehen als ich, es übernommen hatten, meinen vermutlich etwas halbherzigen Formulierungen dieser Pro-Argumente auf die Beine zu helfen. Nachdem es mir so oft vorgeworfen worden ist, daß ich trotz löblichen sozialistischen Neigungen »Klasseninteressen« nicht vertrete, möchte ich das auch einmal für meine Argumentation in Anspruch nehmen. Ich kann unsere Gesellschaft nicht als »Klassengesellschaft« sehen, solange man nicht die vielen Interessengruppen alle zu »Klassen« erhebt – wodurch der Begriff seinen ursprünglichen Sinn verlöre. Als bezeichnend erscheint mir, daß auch und gerade Marxisten sich genötigt sehen zur Einführung des Begriffes »Privilegien«, der nun aber gerade nicht – wie das Bild von der »Klassengesellschaft« unterstellt – ein rein ökonomischer oder nur auf ökonomischen Sachverhalten basierender Begriff ist. Sondern da stehen gegen die durch Geburt und Vermögen definierten Privilegien der »Klassengesellschaft« die vielen anderen Privilegien, die zu definieren wären durch Nützlichkeit, durch opportune staatstreue Gesinnung, durch Funktionen innerhalb von Staat und Gesellschaft, man könnte sie »Funktionärsprivilegien« nennen. Die Stellung des einzelnen finde ich in unserer Gesellschaft wie in den sozialistischen Gesellschaften Europas bestimmt durch ein außerordentlich kompliziertes, immer wieder wechselndes Kräftefeld, in dem vieles mitspielt: Geburt und Familie, Physis und Psyche, Erbanlagen und Erziehung, Vermögen und Einkommen, Charakter und Talent, Pflichten und Neigungen, Beruf und Partei, Nation und Religion, Funktion und Gesinnung, Prestige und Status. Es will mir bei allem guten Willen zur Vereinfachung nicht gelingen, dieses höchst komplizierte soziale Gebilde auf zwei Klassen zu reduzieren.

Schule und Erziehung

Vorschul-Erziehung

Wo es sich um Erziehung und Unterricht, um Schulen und Prüfungen handelt, scheint mir dieses Abwägen von Pro und Contra unanfechtbar und sinnvoll. Hier haben wir es ja – anders als bei Hunden und bei Klassikern – nicht mit gegebenen Phänomenen zu tun, für oder gegen welche mit Vernunftgründen nicht immer sehr viel auszurichten ist. Hier geht es um Institutionen, die wir selber aus Vernunftgründen geschaffen haben und die daher vernünftigen Veränderungen jederzeit unterworfen werden könnten. Von allem Möglichen, was als »Vorschulerziehung« bezeichnet, angestrebt oder abgelehnt wird, sei hier diskutiert: der Plan, Kinder vor Beginn der irgendwann im sechsten oder siebten Lebensjahr in Kraft tretenden allgemeinen Schulpflicht ein oder zwei Jahre lang, pflicht- oder wahlweise, in einen zur Lehranstalt umfunktionierten Kindergarten zu schicken.

PRO

1. Die allerersten Jahre entscheiden darüber, wie das Leben weiterläuft.
2. Wer Chancengleichheit will, muß sie so früh wie möglich etablieren; schon in der Volksschule ist es zu spät.
3. Viele Kinder, vielleicht die meisten, leiden darunter, daß ihre Eltern – aus mancherlei Gründen – ihnen nicht die gleichen Startbedingungen bieten können wie die Eltern anderer Kinder.
4. Das Leben ist ein Lernprozeß – und der kann gar nicht früh genug anfangen.
5. Intelligenz ist – sei es ausschließlich, sei es zum Teil – ein Produkt des Milieus. Die »Vorschule« könnte daher zu einer Produktionsstätte für Intelligenz werden – oder wenigstens die durch Geburt erworbenen Nachteile korrigieren.

CONTRA

1. Was wäre wirklich damit gewonnen, wenn man die Kindergärten »Vorschule« nennte? Mehr Lehrer und Erzieher sicher nicht. An denen jedoch fehlt es.
2. Es ist zeitgemäß, die frühen Umwelteinflüsse zu betonen. Genetiker, auch und gerade die modernsten, meinen nach wie vor, die Rolle der Erbfaktoren sei entscheidend.
3. Daß Konservative und Progressive sich am ehesten über die Vorschulerziehung einigen können, sollte die Liberalen mißtrauisch machen. Könnte es da eine Fraktion geben, die aus ökonomischen oder politischen Gründen dafür plädiert, unsere Kinder möglichst früh in den Arbeitsprozeß einzubeziehen? Viele Erwachsene haben es freilich vergessen: Lernen heißt Arbeiten.
4. Komisch: es werden so viele gute Argumente vorgebracht gegen den Schulzwang – und dann will man diesen Zwang um ein oder zwei Jahre nach rückwärts verlängern, wie im alten Sparta.
5. Es gibt auf dieser Welt nichts Glücklicheres als Kinder zwischen vier und sechs – wer will denen jetzt das Glück ihrer Kindheit stehlen, um einer Chancengleichheit willen, von der zumindest bezweifelt werden darf, daß sie sich auf diesem Weg herstellen läßt.
6. Sind unsere Grundschulen, Mittelschulen, Oberschulen, Berufsschulen, Hochschulen etwa so vollkommen, daß wir uns nun den Vorschulen zuwenden können? Oder flüchten wir aus der allgemeinen Schulmisere in Vorschul-Utopien?

CONCLUSIO

Ich halte den Zwang, schon mit vier Jahren in die Leistungsgesellschaft eingetreten zu werden, trotz den edelsten Motiven für barbarisch. Und selbst dann, wenn diese Vorschule »freiwillig« wäre: Wer schützt die kleinen Kinder vor unangebrachtem Ehrgeiz ihrer Eltern? Natürlich leisten Vorschulkinder später in der Schule mehr. Aber wozu? Anderswo wird um »Freiräume« gekämpft. Warum will man den Vier- bis Sechsjährigen ihren Freiraum – das Glück, ein Kind noch zu sein – wegnehmen? Es ist hier nicht die Rede von behutsamen Versuchen, milieugeschädigten Kindern eine zusätzliche Chance zu geben. Solche Versuche sollten auf jeden Fall unternommen werden. Aber das ist ja nicht gemeint mit »Vorschulerziehung«; diese Erziehung soll doch auch den Intelligentesten oktroyiert werden können (wo nicht vom Staat, dort von ehrgeizigen Eltern); dadurch werden die alten Abstände zwischen »Dummen« und »Klugen« nicht nur wiederhergestellt, sondern – wie unmittelbar einleuchtende Versuche gezeigt haben – vergrößert. Wo »Vorschulerziehung« lediglich ein anderes Wort ist für Kindergärten, bin ich nur gegen das Wort. Denn ich meine: Alles Mögliche sollte getan werden für Kindergärten, für mehr Kindergärten, für bessere Kindergärten. Aber die Verfechter der »Vorschulerziehung« setzen ja einen Akzent auf »schul« und wollen mehr. Was sie wirklich wollen und warum sie es wollen, das wissen auch diejenigen Bildungspolitiker à la mode nicht zu sagen, die sich zu der – angesichts unhaltbarer Zustände an Schulen und Hochschulen tollkühnen – Behauptung versteigen, die Vorschulerziehung habe »erste Priorität«.

Hausaufgaben

Ob Kinder, wenn sie aus der Schule nach Hause kommen, schon wieder für die Schule arbeiten (und dabei, wo immer möglich, ihre Eltern als Hilfslehrer anstellen) sollen – darüber haben die Betroffenen, Lehrer, Eltern und Schüler, recht verschiedene Meinungen. Ich referiere, was ich gehört oder gelesen habe.

PRO

1. Die Kinder sollen nicht den ganzen Nachmittag und Abend nur herumspielen. Das bringt sie nur auf dumme Gedanken. Sie müssen auch was lernen.
2. Die Schulzeit allein genügt nicht, um das als notwendig gesetzte Lernpensum zu bewältigen.
3. Es gibt Arbeiten, bei denen der Lehrer kaum helfen kann; mit ihnen würde kostbare Zeit in der Schule ganz unnötig verschwendet – einen längeren Text lesen (um ihn dann später besprechen zu können) zum Beispiel oder Vokabeln lernen; überhaupt das »Auswendiglernen«, das viel mehr wieder geübt

werden sollte, nicht so sehr um der Inhalte willen als wegen des damit verbundenen Gedächtnistrainings.

4. Irgendwann, etwa im Alter von sechzehn, müssen die Kinder lernen, selbständig zu arbeiten.

5. Die Hausaufgaben wirken als Information zwischen Schule und Elternhaus; vor allem aus ihnen erfahren die Eltern, »was die Kinder in der Schule eigentlich machen«.

CONTRA

1. Gerade jungen Menschen tut es gar nicht gut, viele Stunden in einer so unnatürlichen Haltung wie auf einem Stuhle sitzend zu verbringen. Sie sollten sich wenigstens nachmittags in frischer Luft bewegen.

2. Große Hausaufgaben bedeuten für viele Kinder einen Elfstundentag: 6 Stunden Unterricht und 2 Stunden Schulweg (hin und zurück) und 3 Stunden Hausaufgaben. Darf ihnen das zugemutet werden – nur weil es keine »Schülergewerkschaft« gibt?

3. Hausaufgaben wirken gegen die Chancengleichheit: Die einen Kinder haben ein ruhiges Zimmer für sich, andere müssen sich mit einer Ecke im überfüllten Wohnzimmer begnügen; die einen können ihre Eltern als Hilfslehrer engagieren, andere müssen mit ihren Aufgaben allein fertig werden.

4. Es ist schwer zu sagen, ob und inwieweit Hausarbeiten selbständig gemacht worden sind.

5. Hausaufgaben setzen ganze Familien unter Leistungsdruck. Zum Beispiel so: Vater kann es nicht (und muß nun Mengenlehre büffeln); Mutter ist nicht da (und überlegt sich, schlechten Gewissens, ob sie ihren Beruf nicht doch wieder aufgeben sollte); Junior kriegt viel zuwenig Schlaf, denn immer, wenn er ins Bett gehen sollte, fällt ihm mit Schrecken das bis dahin Verdrängte ein – ich muß noch »Schularbeiten« machen.

CONCLUSIO

Mir leuchten die Contra-Argumente mehr ein. Nur das dritte der Pro-Argumente wiegt schwer. Was Kinder in ihrer Freizeit lernen, das sollen sie freiwillig lernen. Die Schulzeit hat sich nicht nach dem Lernpensum, sondern das Lernpensum hat sich nach der Schulzeit zu richten. Auch selbständiges Arbeiten kann in der Schule geübt werden. Und um die Eltern zu informieren, muß man nicht die Kinder stundenlang beschäftigen; wenn zum Beispiel jede Woche ein Kind einen Bericht über das in der Schule Gearbeitete schriebe, der dann vervielfältigt würde, so wäre das eine nützliche Übung für das Kind und eine gute Information für die Eltern. Andererseits müssen, vor allem in den Oberklassen, längere Texte, mit denen nicht kostbare Schulzeit verschwendet werden kann, zu Hause gelesen werden. Auch stures Auswendiglernen ist als Gedächtnistraining schwer zu ersetzen; es darf nur nicht übertrieben werden. Am 20. Juni 1973 hat die Hamburger Schulbehörde einstimmig »Richtlinien für das Erteilen von Hausaufgaben in den Klassen 1–10« beschlossen, wonach Hausaufgaben von höchstens einer halben Stunde (in Klasse 2) bis zu höchstens zwei Stunden (in den Klassen 7–10) in Anspruch nehmen dürfen. Außerdem werden besonders stumpfsinnige Hausaufgaben wie Rechentürme, Abschreiben von Texten, »Strafarbeiten« untersagt. Mir erscheint das als ein akzeptabler Kompromiß, solange wir noch keine Ganztagsschulen haben, die die Hausarbeiten überflüssig machen.

Schulfreier Samstag

Schulen sind, für Kinder und Lehrer, Glücksache geworden: Während die einen am Samstag spielen oder spazierengehen, müssen die anderen lehren und lernen. Denn da die Schulen Ländersache sind, gelten auch die schulfreien Samstage als Ländersache, ja, in manchen Ländern ist es sogar von Stadt zu Stadt, in manchen Städten von Schule zu Schule verschieden.

CONTRA

1. Da die Tendenz nicht dahin gehen kann, daß unsere Kinder immer weniger lernen, muß das Pensum des schulfreien Samstags in die fünf anderen Wochentage mit hineingestopft werden.
2. In einer ehrgeizigen Schule wird Kindern ohnehin schon Tag für Tag ein Arbeitspensum abgefordert, das Industriearbeiter in den Streik triebe. Dieses Arbeitspensum läßt sich nicht mehr erhöhen.
3. Zwei freie Tage sind zu lang für eine Ruhepause, zu kurz für wirkliche Erholung.
4. Das »lange Wochenende« stellt Kinder wie Eltern vor ganz neue, bisher noch keineswegs bewältigte »Freizeitprobleme«. Was fangen, sagen wir: zwei Erwachsene und zwei Kinder in einer großstädtischen Dreizimmerwohnung 48 Stunden lang an? Die beliebteste Ausflucht aus der Langeweile, nämlich: mit dem Auto irgendwohin zu fahren, führt in ein ständig zunehmendes und keineswegs erholsames Verkehrschaos.

PRO

1. Das lange Wochenende bestimmt nun einmal den Arbeits- und Lebensrhythmus dieser Gesellschaft. Es ist weder gerecht noch praktisch, Kinder und Lehrer davon auszuschließen.

2. Das Samstagspensum sollte nicht in die fünf restlichen Schultage hineingezwängt, sondern ein Teil des Pensums sollte in den Unterklassen gestrichen werden; in den Oberklassen bietet das eine oder andere (nicht jedes) Wochenende sich an für Pflichtlektüre.
3. Wer mit zwei freien Tagen nichts anfangen kann, hat selber schuld. Es verbietet ihm ja niemand, an diesen Tagen auch zu lernen, sich weiterzubilden.
4. Es ist unökonomisch, einen kleinen Teil der Betriebe, eben zum Beispiel die Schulen, weiterarbeiten zu lassen, während alle anderen Betriebe ruhen.
5. Es ist schlechte Familienpolitik, Eltern und Kinder am Samstag zu trennen. Da haben nun die Gewerkschaften durchgesetzt, daß »Vati« am Samstag seinen Kindern gehört – aber es ist ihnen dabei offenbar entgangen, daß diese Kinder die Hälfte des Tages gar nicht da sind.

CONCLUSIO

Ich halte das lange Wochenende nicht für eine glückliche und daher auch nicht für eine bleibende Lösung des Arbeitsrhythmus. Falls die Entwicklung vernünftig verläuft, wird sie in Richtung auf gleitende Arbeitszeiten mit angemessenen Ruhepausen und längerem Urlaub gehen. Aber diese Prognose kann natürlich auch ganz falsch sein, wie alle Prognosen. Jedenfalls leben wir zur Zeit noch in einer Periode der standardisierten Arbeitszeiten, nach dem Muster: von Montagfrüh bis Freitag(nach)mittag Arbeit, von Freitag(nach)mittag bis Montagfrüh Erholung. Warum sollten nur Kinder und Lehrer (und noch ein paar andere unterdrückte Minderheiten wie Journalisten, Polizisten und Kellner) von diesem Rhythmus ausgeschlossen werden? Gewiß, es lassen sich auch dafür Argumente finden. Aber ich kenne kein vernünftiges Argument für den derzeitigen Zustand, der es möglich macht, daß in der gleichen Familie das eine Kind samstags in die Schule muß, das andere nicht. Vielleicht sind Lebensrhythmen doch nicht Ländersache.

Latein und Griechisch

Humanistische Gymnasien stehen zur Zeit in diesem Lande nicht sehr hoch im Kurs. Und selbst an einem solchen Gymnasium ist zwar noch Latein, nicht jedoch auch Griechisch Pflichtfach. Von 100 Deutschen halten immerhin, wie das Allensbacher Institut für Demoskopie ermittelt hat, noch 35 Latein für nützlich; aber beim Griechischen fällt die Zahl der Zustimmenden auf 20. Am illustren Hamburger Christianeum müssen die neunten Klassen wählen zwischen Griechisch und Russisch. Überall in der Bundesrepublik stehen Fünfzehnjährige und ihre Eltern vor einer ähnlichen Frage. Sie könnten sich dabei an den folgenden Überlegungen orientieren.

CONTRA

1. Warum sollten Lebende sich mit toten Sprachen abplagen?
2. Tote Sprachen zu lernen, ist nicht nur unergiebig; es macht auch keinen Spaß; es gibt in diesen Sprachen keine moderne Literatur und keine »Einheimischen«, mit denen man sich unterhalten könnte.

3. Kein Kind interessiert sich für die Inhalte der klassischen Literatur. Also müssen sich die Fünfzehnjährigen entweder mit Homers langatmigen Versen und mit Cäsars ewigem Brückenbauen plagen, oder sie müssen Texte in einer grotesken Kunstprosa lesen, die von Altphilologen angefertigt wurde.
4. Nicht einmal die heutigen Römer und Griechen lernen alle Lateinisch und (Alt-)Griechisch.
5. Schon von Shakespeare, der doch wahrhaftig ein Meister der Sprache und eine Figur von europäischer Bedeutung war, wird berichtet: *He knew little Latin and less Greek.*
6. Von jedem wichtigen lateinischen oder griechischen Text gibt es Übersetzungen.
7. Es ist ja nicht so, daß die Kinder statt des Griechischen gar nichts lernten – sie lernen statt dessen eine lebende Sprache, eine Sprache, mit der man etwas anfangen kann.
8. Und was verdienen all die Sprachkönner? Es kommt heute nicht so sehr darauf an, alles mit Wörtern zu können; ein gemachter Mann ist, wer alles mit Zahlen kann.

PRO

1. »Europa« heißt die politische Tendenz des Jahrhunderts. Wer aus Originaltexten erfahren will, was »Europa« bedeutet, kann nicht auskommen ohne die ersten europäischen Sprachen: Griechisch und Latein – die Sprachen der ersten Demokratie und des Neuen Testaments, des römischen Rechts und der Gelehrten bis weit ins 19. Jahrhundert hinein. Vom Geist dieser Texte muß auch in guten Übersetzungen viel verlorengehen.
2. Europäische (und übrigens auch ein paar außereuropäische) Sprachen begegnen einander in den Wörtern, die sie aus dem Griechischen und aus dem Lateinischen übernommen haben.
3. Mehr als die Hälfte der sonst unverständlichen Fremdwörter, von Subhastation bis Lobektomie, kann sich ableiten, wer Lateinisch und Griechisch gelernt hat.
4. Das vierte Contra-Argument ist völlig irreführend. Natürlich lernen auch in Griechenland und Italien nicht »alle« die klassischen Sprachen. Falls jedoch »Humanismus« noch im ur-

sprünglichen Sinne verstanden werden dürfte, dann gäbe es ein deutliches Zivilisationsgefälle von Süden nach Norden, dann nähme die Barbarei nördlich des Limes schon wieder deutlich zu. An allen griechischen Oberschulen ist Alt-Griechisch noch Hauptfach, und Nebenfach ist Latein. An allen italienischen Oberschulen ist Latein noch Hauptfach, und Nebenfach ist Alt-Griechisch. An den meisten französischen und deutschen Oberschulen wird Latein noch gelehrt, an wenigen Griechisch. An manchen skandinavischen Oberschulen wird Latein noch gelehrt, aber in Malmö zum Beispiel, der drittgrößten Stadt Schwedens, die mit Vororten eine halbe Million Einwohner hat, kann keiner mehr Alt-Griechisch lernen.

5. Wie Sprache wirklich funktioniert, läßt sich an toten Sprachen viel besser begreifen als an lebenden. Sie liegen als vollendete Kunstwerke vor.

6. Wer Lateinisch und Griechisch kann, wird nie unüberwindliche Mühen haben, eine lebende Sprache zu lernen.

7. Es heißt immer, mit einer lebenden Sprache könne man »etwas anfangen«. Was eigentlich? Die Antwort scheint auf der Hand zu liegen, solange es sich um Englisch und Französisch handelt. Aber dann? Schon manch einer, der Italienisch gelernt hat, um damit »etwas anfangen« zu können, landete in Spanien. Und der Exportkaufmann, der Spanisch lernte, weil er nach Südamerika wollte, fand sich eines Tages in Brasilien wieder, wo man portugiesisch spricht. Kurz: Niemand kann als Kind schon Sprachen im Hinblick auf mögliche Nutzanwendungen lernen (das wären einfach zu viele); für einen Ad-hoc-Anlaß lernt man die Sprache am besten ad hoc. Wenn man Griechisch und Latein kann, geht das ganz gut.

8. Jede Sprache kann man auch als Erwachsener noch lernen. Aber Griechisch und Latein nur mit der zehnfachen Energie, die man zum Erlernen einer lebenden Sprache braucht. Nach sechs Wochen in England können Sprachbegabte besser Englisch als jemand, der es »in der Schule gehabt« hat.

CONCLUSIO

Ich wollte, ich hätte noch ein bißchen mehr Griechisch und Latein gelernt. Die Schüler des Christianeums jedoch werden sich durch solche Argumente wenig beeindrucken lassen. Einer schrieb mir: »Über dieses Thema möchte ich als Abiturient meine subjektive, aber wahrscheinlich vielsagende Einstellung hinzufügen. Ohne Latein und Griechisch würde ich wahrscheinlich einen Notendurchschnitt von 1,8 erreichen. Diese Fächer aber drücken ihn ungefähr auf 2,2.« Also Russisch – je nun, warum denn nicht. Zwar sehe ich die Christianeums-Schüler kaum Dostojewskij und Tschechow im Original lesen, aber zu *»ptitschka ljetajet«* wird es schon langen.

Das Abitur

Abitur heißt zunächst schlicht Abschlußexamen; es bestätigt als solches eine erfolgreich abgeschlossene Gymnasialzeit. Dagegen gibt es keine Einwände. Die Frage ist, ob dieses Abschlußexamen sich gleichzeitig eignet als Eingangsexamen für die Hochschule, wie die wilhelminische Bezeichnung »Reifeprüfung« suggeriert, wo »Reife« als »Hochschulreife« verstanden wird.

PRO

1. Es war doch schon immer so, daß das Abitur zum Studium berechtigte – warum sollte man das jetzt ändern?
2. Eine Auslese muß ja sein; irgendwann, irgendwie muß die Berechtigung zum Hochschulstudium verliehen werden.
3. Was wäre denn die Alternative?
4. Niemand kann die Leistungen eines Schülers so gut beurteilen wie die Schule, an der dieser Schüler im Normalfall neun Jahre zugebracht hat.
5. Die Schule ist nun einmal auf dieses Abitur eingerichtet. Eltern, Lehrer und Schüler akzeptieren es im großen und ganzen so, wie es ist. Alle anderen Lösungen träfen auf den erbitterten Widerstand der einen oder anderen Gruppe.
6. Die meisten Länder beneiden uns um unser Abitur.
7. Die Reifeprüfung, etwa zwischen dem 19. und 20. Lebensjahr, trennt auch biologisch und juristisch recht glücklich das unmündige vom mündigen Alter; Hochschulreife fällt dadurch zusammen mit einer allgemeineren Reife.

CONTRA

1. »Schon immer« war gar nichts. Das Abitur wurde spät im 18. Jahrhundert erfunden und im Laufe des 19. Jahrhunderts in den deutschen Ländern eingeführt. Und heute gibt es gar nicht so wenig Schüler, die auch ohne Abitur an den Hochschulen stu-

dieren können (vor allem in pädagogischen, künstlerischen und technischen Fächern), so wie es gar nicht so wenig Schüler gibt, die trotz Abitur (wegen des Numerus clausus) nicht studieren können.

2. Überall, wo in der Erziehung und Ausbildung von »Berechtigung« die Rede ist, sollte man ganz hellhörig und mißtrauisch werden. An diesen Stellen werden nämlich Menschen eingeteilt in Privilegierte und Unterprivilegierte. Man kann sich dann gar nicht oft genug fragen: Muß das sein? Muß es so sein? Muß es hier sein? Muß es jetzt sein? In der Wirtschaft, in der Kunst, in der Politik wird auf solche »Berechtigungs«-Nachweise verzichtet: Alfred Nobel hätte nie Dynamit-König, Heinrich Böll kein Nobelpreisträger und Willy Brandt nicht Bundeskanzler werden können, wenn sie als Zwanzig- oder Dreißigjährige eine »Berechtigung« dafür hätten erwerben müssen.

3. Es gibt drei denkbare Alternativen: (1) Hochschulzugang ohne Prüfungen und (2) Hochschuleingangsprüfungen, abzunehmen von Hochschullehrern oder von (3) anonymen Prüfungskommissionen. Man sollte diese Alternativen nicht verwerfen, ohne sie wenigstens einmal ernsthaft erwogen zu haben.

4. »Die Schule« ist eine jener unerlaubten Abstraktionen, die Verwirrung stiften. Daß ein prüfender Lehrer einen zu prüfenden Schüler neun Jahre lang kennt, wäre heute eine sehr seltene Ausnahme, am ehesten noch in Landstädtchen anzutreffen. Und ist »gutes Kennen« wirklich und in jedem Fall die beste Voraussetzung für eine gute Prüfung? In England, zum Beispiel, gibt es kaum Spannungen zwischen Lehrern und Schülern, weil die Lehrer eindeutig Verbündete der Schüler sind, wenn es gilt, eine (vor anonymer Instanz abzulegende) Prüfung zu bestehen.
5. In der Tat wäre es sehr schwer, Eltern und Schüler und Lehrer davon zu überzeugen, daß es bessere Möglichkeiten der notwendigen »Weichenstellung« gibt als das Abitur. Aber der Weg des geringsten Widerstandes muß ja nicht immer ein guter Weg sein.
6. Wer sich wirklich in England, Amerika und der Sowjetunion gründlich umgesehen hat (wie zum Beispiel Hildegard Hamm-Brücher), hat dort offenbar wenig vom Neid auf die deutsche Bildungsprovinz erfahren. Auch die Schweden neiden uns unser Abitur gewiß nicht.
7. Nichts ist so manipulierbar wie diese Pflaumen-Metapher von der »Reife«. Wenn der Staat Soldaten braucht, sind die Einjährig-Freiwilligen (nach zehn Schuljahren, im Alter von sechzehn) »reif«. Wenn Professoren um ihre Macht ringen, werden dreißigjährige Studenten als zu unreif, um schwere Verantwortung zu tragen, bezeichnet. In Thornton Wilders Roman »Die Brücke von St. Louis Rey« wird eine These vertreten, die beeindrucken kann: Wenn die Menschen »reif« sind, sterben sie – so wie reifes Obst vom Baum fällt.

CONCLUSIO

Niemand kann leichten Herzens das Abitur und den ganzen riesigen Apparat, den es dafür bei uns gibt, abschaffen wollen. Aber es kann auch niemandem wohl dabei sein, daß ein künftiger Mediziner nach seinen Schulzensuren in Deutsch, Englisch und Geographie ausgewählt wird (denn wenn er in, zum Beispiel, diesen drei Fächern schlecht ist, wird er nie die Durchschnittsnote 1,7 bis 2,2 erreichen, die verlangt wird von jemandem, der den Numerus clausus durchbrechen will). Ich kann mich noch nicht zu einem Plädoyer für Abschaffung des Abiturs entschließen. Ich meine jedoch, daß die Alternativen ernsthafter geprüft werden müssen, als das bisher geschehen ist. »Gegen das Abiturientenexamen« schrieb Thomas Mann schon 1917: »Ich bin kein Radikalist und liebe nicht die verantwortungslos-generöse Geste des literarischen Menschheitsbeglückers. Aber diese tagelange Schraubmarter, in der junge Leute, unter Anwendung schlafvertreibender Mittel, sich als wandelnde Enzyklopädien erweisen müssen, dieses Examen, bei dem die Mehrzahl der Examinatoren durchfallen würde, kann in seiner Inhumanität, sachlichen Schädlichkeit und ausgemachten Entbehrlichkeit nur aus Mangel an Sympathie mit der Jugend verteidigt werden.«

Mündliche Prüfungen

Gemeint ist alles persönliche Abfragen von Wissensstoff: für die »Mündlich«-Noten in der Schule, im Abitur, im Staatsexamen, im Rigorosum oder wo auch immer sonst noch mündlich geprüft wird. Es erscheint mir fair, mich gleich am Anfang zu persönlicher Voreingenommenheit zu bekennen: Ich habe alle die genannten Prüfungen schriftlich sehr gut, mündlich gerade so eben noch bestanden. Ich müßte also mich selber verleugnen, wenn ich für mündliche Prüfungen wäre. Um so mehr werde ich mich bemühen, auch die PRO-Argumente getreulich wiederzugeben.

PRO

1. Wohlwollende Prüfer nehmen dem Kandidaten im persönlichen Gegenüber die Prüfungsangst; sie können seine Wissenslücken überspringen und Gebiete suchen, wo der Prüfungskandidat sich auskennt.
2. Viel wichtiger als die Lösungen, die der Kandidat für seine Aufgaben am Ende anbietet, ist es, wie er zu diesen Lösungen kommt; das läßt sich nur in der mündlichen Prüfung beobachten.
3. Bei der mündlichen Prüfung kann man einen Kandidaten besser kennenlernen; und dem Kandidaten, den man bereits kennt, kann man besser gerecht werden.
4. Die Prüfungssituationen, denen sich der aus Schule und Hochschule Entlassene »im Leben«, im Beruf konfrontiert findet, haben viel mehr Ähnlichkeit mit einer mündlichen als mit einer schriftlichen Prüfung.
5. Mündliche Prüfungen verlangen weniger Arbeit von einem Prüfer, der sonst die Fragen für schriftliche Prüfungen selber stellen und die Antworten selber beurteilen müßte.

CONTRA

1. Prüfer haben nicht wohlwollend zu sein, sondern so gerecht und objektiv wie möglich.
2. Bei vielen mündlichen Prüfungen gibt es die verräterische Klausel »Wahlgebiete können berücksichtigt werden«. Ein authentischer Fall: »Was ist Ihr Wahlgebiet?« – »Der englische Roman.« – »In welchem Jahrhundert?« – »In allen Jahrhunderten.« – »Dann erzählen Sie mir mal, was Sie wissen über die englische Shakespeare-Kritik im 18. Jahrhundert« (der Bonner Anglist Walter F. Schirmer in einem Rigorosum).
3. Es gibt keine fairere, korrektere, objektivere Prüfung als die schriftliche, die etwa so aussieht wie in Oxford oder Cambridge. Die Fülle des Stoffes, also »neuere englische Literatur« oder »Kernphysik«, die ja auch kein Prüfer mehr beherrscht, wird zunächst unterteilt in überschaubare Gebiete. Zu diesen werden dann (sagen wir) 20 Fragen gestellt, die möglichst gedankliche Durchdringung des Stoffes und nicht Lexikon-Wissen voraussetzen, und es wird aufgefordert: Beantworten Sie von diesen 20 Fragen 5. Es ist kein Zufall, daß es diese Form der Prüfung in Deutschland kaum gibt.
4. Nur die Ergebnisse schriftlicher Prüfungen sind, im ganzen Bundesgebiet oder schließlich auch weltweit, vergleichbar, sind der provinziellen Zufälligkeit persönlichen Ausfragens enthoben.
5. Mündliche Prüfungen begünstigen Schauspieler, Liebediener, Schwätzer und Exhibitionisten.
6. Mündliche Prüfungen verlangen mehr Arbeit von einem Prüfer, wo schriftliche Fragestellungen rationalisiert und die Beurteilungen delegiert werden könnten.

CONCLUSIO

Ich mache mir, wie vorher gesagt, die Contra-Argumente zu eigen. Ich habe mündliche Prüfungen immer als ungerecht, töricht, erniedrigend empfunden. Gewiß gibt es Prüfungen, bei denen es darauf ankommt, den Kandidaten persönlich kennenzulernen. Daß dafür das Abfragen von Wissensstoff die besten

Möglichkeiten ergibt, bezweifle ich. Aber wahr ist freilich Pro-Argument Nummer 4. Ich jedenfalls habe mich im sogenannten Leben oft ähnlichen Situationen gegenübergefunden wie in mündlichen Prüfungen – und sie ganz genauso verwünscht.

Numerus clausus

Der Numerus clausus stammt aus den Zeiten, als die Amtssprache der Universitäten noch das Lateinische war, heißt wörtlich »geschlossene Zahl« und bedeutet, daß eine Universität für einige oder für alle Fächer Quoten festlegt: mehr Studenten können nicht aufgenommen werden. Vor allem in der Medizin und in den Naturwissenschaften gibt es heute an den meisten deutschen Universitäten einen Numerus clausus. Einen generellen Numerus clausus für alle Fächer hat als erste deutsche Universität Hamburg eingeführt. Es gehört unter uns liberalen Akademikern zum guten Ton gegen den Numerus clausus zu sein. Es fehlt jedoch an einer nüchternen Bestandsaufnahme der Argumente.

PRO

1. Wo kein Platz ist, können auch keine Studenten aufgenommen werden. Laborplätze, zum Beispiel, sind nicht beliebig vermehrbar. Oder juristisch ausgedrückt: Das in Artikel 12, I, 1 des Grundgesetzes garantierte Recht auf Berufsfreiheit findet da seine Grenze, wo die Kapazität der Hochschulen erschöpft ist.
2. Wo die Kapazität der Lehrkräfte, der Räume, der Apparate zur Ausbildung von 300 Studenten ausreicht, könnten vielleicht auch 600 ausgebildet werden – aber eben nur »halb so gut«.
3. Keine Schule, kein Betrieb, kein Klub wäre lebensfähig, wenn Schüler, Angestellte, Mitglieder unbeschränkt aufgenommen werden müßten.
4. Die großen Traditionsuniversitäten des Auslands haben alle einen Numerus clausus, sie reden nur nicht davon (sondern behalten es sich einfach vor, welche Studienbewerber sie zulassen und welche nicht).
5. Die deutsche Tradition akademischer Freiheit, die auch die freie Wahl des Studienorts einschließt, kann bei einem Massenandrang an die Universitäten nicht ohne Abstriche aufrechterhalten werden: weil sonst alle in München studieren wollen oder

in Hamburg, aber niemand will in Regensburg studieren oder in Bielefeld. (Das Beispiel ist ein Beispiel und sollte daher treue Regensburger und Bielefelder nicht vergrämen.) Solange wir an der Tradition festhalten (und wir sollten daran festhalten), müssen München und Hamburg in die Lage versetzt werden, Abwehrmechanismen zu entwickeln.

6. Solange die laufenden Kosten der Universitäten noch immer weitgehend von den Bundesländern getragen werden, kann man den Steuerzahlern von Baden-Württemberg schwerlich zumuten, die Ausbildung von Schleswig-Holsteinern mitzufinanzieren.

7. Manche an den Universitäten spielen ein falsches Spiel, vielleicht merken sie es gar nicht: Das Soll der Gesellschaft im »tertiären Bildungsbereich« (Hochschulen) ist zunächst erfüllt, viel weitergehend jedenfalls als bei den Schulen (primärer und sekundärer Bereich). Mehr Hochschulplätze können jetzt nur noch frei werden durch Studienzeitbeschränkungen. Daß jeder, der irgendwann, irgendwo einmal ein Abitur bestanden hat, damit das Recht erwirbt, an jeder deutschen Universität was er will und solange er will zu studieren, ist eine unerfüllbare Wunschvorstellung – und außerdem noch nicht einmal wünschenswert.

8. Es liegt gewiß im Interesse der Gesellschaft und vermutlich doch auch im Interesse der Studenten, von Modefächern abzuraten und, sofern das Abraten nicht hilft, den Zulauf zu bremsen durch Zulassungsbeschränkungen. Besser, man erschwert einem Zwanzigjährigen das Studium der Politikwissenschaft, als man muß dem Sechsundzwanzigjährigen nach zwölf Semestern Studium sagen, daß es für ihn keine seiner Ausbildung entsprechende Betätigungsmöglichkeit gibt.

CONTRA

1. Zulassungsbeschränkungen sind etwas sehr Mißliches; denn, zu Ende gedacht, bedeuten sie den gröbsten Eingriff in jene Möglichkeiten der Selbstverwirklichung, wie sie ein Mensch im Beruf finden kann.

2. Zulassungsbeschränkungen sind etwas sehr Mißliches; denn sie können zu schädlichen Manipulationen eines gedachten Be-

darfes führen. Um das an einem neutralen Beispiel zu verdeutlichen: In jeder Großstadt wehren sich die Taxifahrer gegen neue Konzessionen; durch Erhöhung der Taxizahl hat der einzelne Fahrgast zwar auch bei Regen die Chance, trocken ans Ziel zu kommen, aber der einzelne Fahrer, vor allem bei Sonnenschein, verdient weniger.

3. Zulassungsbeschränkungen sind etwas sehr Mißliches; denn sie schaffen zwei Klassen von Abiturienten: solche, die zum Studium zugelassen werden, und solche, die nicht zugelassen werden.

4. Was von denen, die sich gegen ein Studium unter dauerndem Leistungsdruck wehren, oft nicht klar genug gesehen wird: Der Numerus clausus erzeugt an den Oberschulen, wo der Leistungsdruck doch auch abgebaut werden sollte, einen Leistungsüberdruck: Solange die stupide Bewertung von Abiturzeugnissen darüber entscheidet, ob einer den Numerus clausus durchbrechen kann oder nicht, wird es irrsinnigerweise lebenswichtig, ob er (sie) das Abitur mit der Durchschnittsnote 2,8 oder 3,2 besteht.

CONCLUSIO

Ich bin natürlich gegen den Numerus clausus, und ich bin daher ein bißchen erschrocken, wie viele gute Argumente es doch auch dafür gibt. Ich sehe dennoch keines, das uns zwänge, den Numerus clausus im Prinzip gutzuheißen. Er ist nur als Notwehrmaßnahme von Fall zu Fall berechtigt. Im übrigen könnte (und sollte) er schleunigst entgiftet werden dadurch, daß man:

a) einen Ausgleich zwischen den Ländern derart schafft, daß die Ausbildung von Nicht-»Landeskindern« durch Bundeszuschüsse abgedeckt wird;

b) nicht Pharmazeuten und Zahnärzte am Studium hindert (von denen wir offenbar schon jetzt zu wenig haben), sondern Soziologen, Politologen, Psychologen und Publizisten zum Beispiel;

c) geeignetere Zulassungskriterien entwickelt als die von Land zu Land, von Schule zu Schule verschieden zu bewertenden Abiturnoten;

d) bei jemandem, der unbedingt Tierarzt oder Kernphysiker oder Sozialpsychologe werden zu müssen behauptet, durch geeignete Auflagen diese Behauptung auf die Probe stellt – und, nach bestandener Probe, auf jeden Fall honoriert;
e) schnell damit aufhört, beinahe jede Menge »Geisteswissenschaftler« zuzulassen (weil die notfalls auch ohne teure »Arbeitsplätze« auskommen) und mit Hilfe des Numerus clausus ausgerechnet die Naturwissenschaften (einschließlich der Medizin) kurzzuhalten;
f) eine »Offene Universität« nach englischem Vorbild gründet, die unter ihren vielen Vorzügen auch den hat, daß sie ein sehr elastisches, leicht dem Bedarf anzupassendes Auffangbecken wäre für alle, die unbedingt studieren wollen, aber an den traditionellen Universitäten keinen Platz finden können.

Sehr viel mehr als die etwa siebzig Hochschulen, die wir in Westdeutschland jetzt haben, kann diese Gesellschaft nicht finanzieren. Damit hätten wir Jahr für Jahr (über den Daumen gepeilt) achtzigtausend Studienplätze frei, wenn die Studienzeit sich auf vier Jahre (statt fünf bis sechs) im Durchschnitt reduzieren ließe. In Oxford und Cambridge beträgt sie drei Jahre. Ganz ohne Numerus clausus kämen wir auch dann nicht aus (weil ja auch dann noch immer alle nach München oder nach Hamburg wollten) – aber dieser Numerus clausus wäre vertretbar als Notwehr, die denjenigen, der ein Studium, einen Beruf wirklich will, zwar bremsen kann, aber nicht abwürgen.

Studenten-Gehalt

Schätzungsweise die Hälfte unserer Studenten erhält Zuwendungen aus öffentlichen Mitteln. Es ist zu fragen, warum dann nicht gleich jedem Studenten seine Lebenshaltungskosten durch ein »Gehalt« gewährleistet werden.

CONTRA

1. Als ob die Universitäten nicht schon genug kosteten! Wer soll das noch bezahlen?
2. Das fehlte noch, daß wir uns unsere Revolutionäre auch noch buchstäblich heranfütterten.
3. Warum wohl sollte der Staat den Kindern reicher Eltern auch noch das Studium bezahlen?
4. Von der anderen Seite: Wer zahlt, kontrolliert. Der Student als Staatspensionär verliert seine Freiheit.
5. Es entfiele ein Anspruch auf bessere Bezahlung in akademischen Berufen, der sich bisher gern herleitete aus der Rechnung: als die anderen schon Geld verdienten, haben wir noch studiert, also nicht nur nichts verdient, sondern zugezahlt.
6. Die Rolle des Staatspensionärs wäre ein Schlag in das gewahrte Gesicht studentischen Selbstverständnisses.

PRO

1. Studentisches Selbstverständnis scheint einiger Korrekturen zu bedürfen. Alle Versuche, alte Burschenherrlichkeit zu kombinieren mit einer modernen sozialistischen Weltauffassung, können nur im Fiasko enden.
2. Die Kostenfrage wäre nachzuprüfen. Nach den vorliegenden Statistiken sieht es so aus, als ob die Kosten für die Universitäten durch ein Studenten-Gehalt um weniger als 10 Prozent stiegen; denn a) sind die Verwaltungsgebühren, die dadurch entstehen, daß stipendiumsberechtigte Hammel von selbstzahlenden Bök-

ken getrennt werden müssen (Prüfungen! Gutachten! Formulare!) erheblich; b) sind die Kosten für einen durchschnittlichen Studienplatz dreimal so hoch wie die Lebenshaltungskosten des Studenten; c) werden diese Studienplatzkosten vergeudet an Studenten, die ihre Studienplätze nicht voll nutzen können, da sie nebenher ihren Lebensunterhalt verdienen müssen.

3. Die Trennung von stipendiumsberechtigten Hammeln und selbstzahlenden Böcken wäre sogar dann ungerecht, wenn sie einheitlich und sorgfältig erfolgte. Wie die Dinge liegen, kann sie weder einheitlich noch sorgfältig sein. Und mit welchem Recht zwingt man einen Studenten in eine Abhängigkeit vom Elternhaus, nur weil sein Vater mehr als 2000 Mark verdient?

4. Ungerecht ist die Trennung auch jenen Studenteneltern gegenüber, die gerade etwas mehr haben als das von den Stipendienvergebern geduldete Einkommen. Sie haben nämlich auch »gerade etwas mehr«, wo es um andere Privilegien für sozial Schwächere geht. Sie kaufen ihre Wohnung auf dem freien Markt; sie sind in einer höher progressierenden Steuergruppe; sie sind privat und dennoch (deswegen?) unzureichend gegen Krankheit und Alter versichert; ihre Interessen werden weder von einer Gewerkschaft noch von einer Partei vertreten.

5. Wer die Revolution verhindern will, sollte alles tun, die Revolutionäre von den Möglichkeiten, die auf dem Wege der Reform liegen, zu überzeugen.

6. Ein Student, der seinen Lebensunterhalt der Gesellschaft verdankt, erlebt die Wahrheit unmittelbarer, die ihn aus selten veröffentlichten Statistiken nur sehr von fern berührt: daß er auf Kosten dieser Gesellschaft studiert – daß also, zum Beispiel, eine Verlängerung seines Studiums über das Notwendige hinaus nicht allein seine Sache sein kann.

CONCLUSIO

Ich habe mich bemüht, alle Argumente unvoreingenommen zu wägen. Ergebnis: Ich bin auch heute, wie vor Jahren schon, für ein »Studenten-Gehalt«. Der finanzielle Aufwand dafür ist geringer, als er erscheint. Die Rückzahlung, die bei manchen Stipendien gefordert wird, könnte pauschal erfolgen durch Abbau einiger akademischer Privilegien (wie zum Beispiel höherer Bezahlung nur auf Grund eines abgeschlossenen Studiums, in vielen Berufen). Das Verfahren wäre gerechter als das derzeit praktizierte – unsere paar Millionäre mit studierenden Kindern fallen da nicht ins Gewicht; wahrscheinlich würden sie sogar freiwillig etwas für die Universitäten tun, was dort nützlicher verwendet werden könnte, als das Fräulein Tochter oder der Herr Sohn den vierstelligen Monatsscheck verwendet. Zu überlegen – besser: auszurechnen – bliebe, ob das »Studenten-Gehalt« nicht am sinnvollsten (und für die Gesellschaft am billigsten) so angelegt werden könnte, daß die Studenten in dafür auszubauenden Heimen frei wohnen, frei essen, frei studieren und überhaupt frei leben können. – In fünfzig Jahren wird das selbstverständlich sein. Warum fängt die sozial-liberale Regierung nicht jetzt damit an?

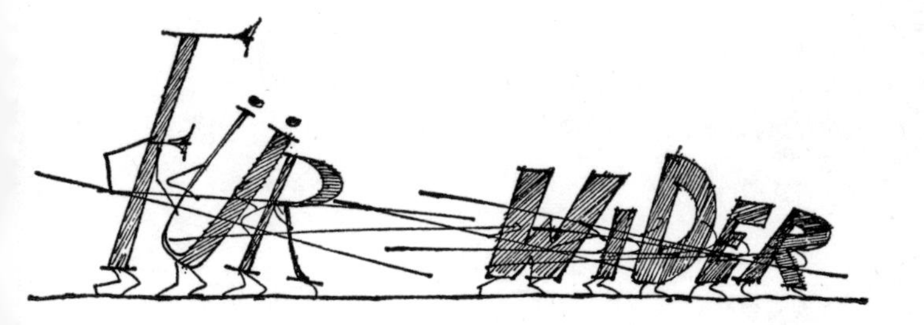

Politisches

Drittelparität

Die Praxis hat gelehrt, was sich auch theoretisch hätte voraussagen lassen: Politische Argumentationen sind kurzlebig. »Pro« und »contra« hat in der Politik eher aktuellen als prinzipiellen Wert. Nicht darauf, was wahr ist, kommt es an; sondern darauf, was möglich ist. Was möglich ist, hängt von der jeweiligen Situation ab, und Situationen wechseln. Am längsten halten politische Argumente überall dort stand, wo es um recht allgemeine Grundsatzfragen geht. Eine solche Grundsatzfrage lautet: Wie kommt es zu Entscheidungen, wenn nicht einer allein entscheiden soll? Im Wirtschaftsleben wird diese Frage unter dem Titel »paritätische Mitbestimmung« diskutiert. Für die Universitäten gibt es das Modell der Drittelparität. Es wurde zum ersten Male in Bremen praktiziert – und vom Bundesgericht als verfassungswidrig abgelehnt. Gemeint ist: an allen Entscheidungsprozessen sind »die drei Gruppen« einer Universität, die Lehrenden, die Lernenden und die Verwaltenden (»Bediensteten«), gleich stark beteiligt.

PRO

1. Die weder zufällig noch zu Unrecht als solche bezeichnete deutsche »Ordinarien-Universität« hatte sich überlebt. Sie war im 20. Jahrhundert nicht mehr ein Hort der Vernunft und der Freiheit, sondern im Gegenteil allzu bereit, jede Dummheit und jeden Zwang, vom Ersten Weltkrieg über Hitler zum Zweiten Weltkrieg, zu unterstützen.
2. Die deutsche Ordinarien-Universität hatte ihre führende Position in Forschung und Lehre verloren. Es gibt nur grobe Indizien, aber sie weisen alle in die gleiche Richtung: Wohin gehen die Nobelpreise für Forschungen? Wo studieren Japaner, Inder, Afrikaner, wenn sie ihre Heimatländer verlassen und frei wählen können? Früher lernten japanische Mediziner und amerikanische Physiker deutsch, um auf dem laufenden zu bleiben. Heute ist

ein naturwissenschaftlicher Forscher, der nicht Englisch wenigstens lesen kann, undenkbar.

3. Studenten und Assistenten machten es einfach nicht mehr mit, daß eine Handvoll Professoren, Beamte auf Lebenszeit, allein entschieden, was gelehrt und wie gelehrt, wie und wofür gearbeitet wurde, was mit den verfügbaren Geldern geschah.

4. In einer demokratischen Gesellschaft wurde die oligarchisch regierte Universität mehr und mehr zum Fremdkörper.

5. Die weitaus meisten Entscheidungen, die an Universitäten zu treffen sind, setzen ein spezifisches Fachwissen so wenig voraus wie etwa kommunalpolitische Entscheidungen. Viel wichtiger ist: ein gemeinsames Interesse. Zur Berufung eines Professors für theoretische Physik hat der Student der theoretischen Physik (der an der reformierten Universität mitbestimmt) im 8. Semester möglicherweise mehr beizutragen als der Professor für Geschichte der Naturwissenschaften (der an unreformierten Fakultäten mitbestimmt).

CONTRA

1. Die Drittelung ist ein Kunstgriff, dessen Fragwürdigkeit auch durch Einbeziehen der »Dienstkräfte« nicht behoben wird. Es ist, zum Beispiel, schwer einzusehen, warum gerade ein Drittel Professoren, ein Drittel Studenten und ein Drittel »nicht-wissenschaftliche Angestellte« darüber bestimmen sollten, welche Studiengänge zu welcher Art von Prüfung führen. Sollten die Schulen nicht mitbestimmen, was für Lehrer da auf sie zukommen, die Kirchen nicht, wie Theologen geprüft werden? Hat nicht die Gesellschaft, die die Universitäten unterhält, auch ein Recht auf »Mitbestimmung« – und sollte sie nicht wenigstens gefragt werden, an wen sie dieses Recht delegiert?

2. In das drittelparitätische Mitbestimmungsmodell wurde nicht eingebaut die notwendige Verknüpfung von Entscheidung und Verantwortung. Der Student, mit dessen Stimme dem Fachbereich vielleicht ein Kuckucksei ins Nest gelegt wurde, entzwitschert bald wieder; die Professoren müssen dann mit dem Kuckuck leben und arbeiten.

3. Entscheidungsprozesse dauern um so länger, je mehr Leute daran beteiligt sind. Die Zeit, die darüber vergeht, fehlt denjenigen am meisten, die am intensivsten mit wissenschaftlicher Arbeit beschäftigt sind. Manche Entscheidungen können gar nicht getroffen werden, weil die Interessengruppen sich gegenseitig blockieren.

4. Das drittelparitätische Modell, das ein Mindestmaß an Konsensus voraussetzt, um zu funktionieren, geriet in den Sog neomarxistischer Denkungsart und konnte dadurch zu einer Art von akademischem Klassenkampf führen: hier Professoren, da Studenten. Die dritte Gruppe, ob »Dienstleister« oder (nach einem anderen Modell) »Assistenten«, gewann, was gar nicht vorgesehen war, die Macht des Züngleins an der Waage.

CONCLUSIO

Der »Verteilerschlüssel« für die notwendige Beteiligung aller Lehrenden und Lernenden an Entscheidungsprozessen in der Universität sollte weniger an Gruppen, die sich gar als »Klassen« gebärden, orientiert werden, mehr an Sachfragen. Im Prinzip ist an einem effektiven Mitbestimmungsrecht der Studenten (um das es ja vor allem geht) auf jeden Fall festzuhalten. In konkreten Situationen werden verschiedene Mitbestimmungsverfahren für verschiedene Entscheidungen zweckmäßig sein. Und die Gesellschaft sollte einbezogen werden, wohl nicht nur auf dem Umweg über das jeweils zuständige Ministerium. Jedenfalls ist es weder logisch noch politisch sauber zu argumentieren: Die Universitäten wollen in die Gesellschaft hinein wirken (sie sollen es, sie müssen es) – aber die Gesellschaft hat keinerlei Mitspracherechte an den Universitäten. Sie hat!

Öffentliche Diskussionen

Diskussionen bereiten auf demokratische Weise Entscheidungen vor, gehen einer Abstimmung voraus. Sie sind hier zunächst nicht gemeint. Hier wird danach gefragt, was dafür und was dagegen spricht, vor einem Publikum, auf einem »Podium«, im Rundfunk, im Fernsehen, in öffentlichen Sälen bestimmte Themen zu diskutieren.

CONTRA

1. Es kommt wenig bei solchen Diskussionen heraus, und zwar um so weniger, je mehr Leute diskutieren, weil das Für und Wider der Meinungen immer undurchsichtiger wird und die Informationen überwuchert.
2. Es kommt wenig dabei heraus, weil Menschen selten ihre Meinungen aus Vernunftgründen ändern. Meinungen gründen in einer anderen Schicht des Bewußtseins.
3. Es diskutieren oft die falschen Leute zur falschen Zeit über das falsche Thema. Denn Diskussionen müssen »veranstaltet«, also von weither vorbereitet werden. Nicht immer ist ihnen die Stunde günstig, wenn sie dann wirklich stattfinden.
4. Als Diskussionsredner brillieren wortgewandte Rhetoren, die ihre Argumente fix und fertig parat haben und sie gut »verkaufen«, indem sie sich dem jeweiligen Geschmack des jeweiligen Publikums anzupassen verstehen. Das sind nicht immer die besten Denker.
5. Diskussionen nähren den Harmonie und Zufriedenheit zersetzenden Verdacht, daß es mehr als eine Wahrheit geben könnte. Sie machen niemanden sicherer, sondern alle irgend Belehrbaren unsicher.
6. Diskussionen frustrieren die Aktiven, weil sie selbst dann, wenn sie völlig gelingen, an den Verhältnissen nur selten etwas ändern.

PRO

1. Wo es zu einer Frage verschiedene Meinungen, Auffassungen, Überzeugungen gibt, ist es schon als Information wichtig, das öffentlich zu zeigen.
2. Es ist keineswegs sicher, daß die Wahrheit immer in der Mitte liegt. Erfahrung jedoch hat gelehrt, daß sie auch kaum jemals extrem links oder rechts, oben oder unten, vorn oder hinten zu finden ist. Es spricht für Diskussionen, daß Extremisten sie nicht mögen – es sei denn, sie könnten sie an sich reißen und beherrschen.
3. Wenn in Diskussionen die Stimme der Klugen oft zuwenig wiegt, so wiegt doch wenigstens die der Mächtigen nicht zuviel.
4. Diskussionen haben zur Folge, daß die Leute sich an den Gedanken gewöhnen: Es gibt auf alle komplexen Fragen mehrere Antworten, von denen keine alleinseligmachend und keine kriminell ist.
5. Wenn das Diskutieren nicht an harmloseren Themen und in kleineren Kreisen geübt wird, kann jene weltweite Diskussion nicht zustande kommen, von der vielleicht das Überleben der Menschen abhängt. Solange diskutiert wird, wird nicht geschossen.

CONCLUSIO

So unbefriedigend einzelne Diskussionen immer wieder ausfallen, so sehr den einen oder anderen zum Schweigen verurteilten Zuhörer die Podiumstars anöden mögen: es gibt in dieser so ungläubigen, so vielgläubigen Welt des späten 20. Jahrhunderts kein besseres Verfahren, um annehmbare Lösungen oder doch wenigstens erträgliche Kompromisse zu finden. Diktatur herrscht überall dort, wo wirkliche, auch Eigensinn, Glaubensüberzeugungen, Opposition, Opportunismus, Irrtümer, Loyalität, reaktionäre und revolutionäre Gedanken duldende Diskussionen nicht mehr stattfinden können. Sie herrscht freilich auch dort, wo solche Diskussionen täglich stattfinden, ohne irgendwelche Konsequenzen zu haben. Wer gegen Diktatur ist, muß für Diskussionen sein. Wenn nichts dabei herauskommt, dann ist das schade, aber es schadet nicht.

Parlamentsdebatten als Fernseh-Show

Übertragungen von Parlamentsdebatten, am besten mit anschließender Abstimmung, gehören zu den zugkräftigsten Programmen des deutschen Fernsehens. Argumente gegen diese Art der Fernsehprogrammgestaltung sind vermutlich unpopulär. Dennoch scheinen sie mir einigen Nachdenkens wert.

CONTRA

1. Keine der alten Demokratien kennt stundenlange Fernsehübertragungen aus dem Parlament. Die Verantwortlichen in Großbritannien, in Frankreich, in den USA mögen sich auch etwas dabei denken, wenn sie das Fernsehen allenfalls für Kurzberichte unter besonderen Umständen zulassen, im Grunde jedoch ausschließen.
2. Je stärker das Fernsehen in die Politik eindringt, desto stärker wird das Gewicht der telegenen Rhetoriker unter den Politikern.
3. Alle Welt redet dauernd von der Notwendigkeit, Probleme zu versachlichen und zu »entpersonalisieren«. Das Fernsehen im Parlament sorgt für äußerste Personalisierung. Der Außenminister wird wichtiger als die außenpolitische Entscheidung. Das Auftreten des Oppositionsführers wirkt stärker als das Argument der Opposition.
4. Je stärker die Debatten in die Öffentlichkeit gezogen werden, desto ausschließlicher werden die wirklichen Entscheidungen hinter die Kulissen verdrängt. Keines der rhetorischen Meisterwerke, die wir von Seiten der Regierung oder der Opposition gehört haben, hat an den Abstimmungsergebnissen auch nur das geringste ändern können. Die Entscheidungen standen fest und wurden im Parlament nur noch »verkauft«.
5. Der Fernsehzuschauer empört sich leicht, wenn Abgeordnete, während ein Parlamentskollege spricht, lesen, mit dem Nachbarn tuscheln, Zwischenrufe machen oder gar hinausgehen. Ih-

nen erscheint als Ungezogenheit, was durchaus üblich und sogar notwendig sein kann.
6. Das ganze Fernsehprogramm gerät durcheinander wegen dieser kurzfristig angesetzten und oft noch kurzfristiger wieder abgesetzten Parlamentsdebatten.

PRO

1. Programmveränderungen treffen nur die Minderheit von Produzenten und Konsumenten; die Mehrheit will Parlamentsdebatten sehen: die interessanteste Live-Show, an allgemeiner Anziehungskraft höchstens mit einem großen Fußballspiel vergleichbar.
2. Contra-Argument 4. ist unbeweisbar. Es könnten, das wäre doch denkbar, auch Reden im Parlament die Abstimmungsergebnisse noch ändern.
3. Mit dem Fernsehen gibt uns die Technik die Möglichkeit, eine Zentralidee der Ur-Demokratie zu verwirklichen: Der Bildschirm ersetzt so vollständig wie möglich die *agora*, den Marktplatz, wo jeder an politischen Entscheidungen wenigstens als Zuschauer teilnehmen kann (mitwirken konnte auch in Griechenland nicht jeder).
4. Die Politik keiner Partei ist besser als die Leute, die diese Politik vertreten. Nicht alles spricht gegen »Personalisierung«.
5. Entscheidende Fragen der Gesellschaft, in der wir leben, werden vielen unserer Mitbürger offenbar erst dann richtig bewußt, wenn sie im Fernsehen »auf höchster Ebene« verhandelt werden. Die wenig erwünschte »Personalisierung« von Problemen wird dabei aufgewogen durch eine sehr erwünschte »Politisierung« der Gesellschaft (um es in den gängigen Schlagwörtern auszudrücken).
6. Auch das Parlament wird durch die Fernsehübertragungen »politisiert«; der Abgeordnete als Plenums-Redner wird gezwungen, seine Überzeugungen und Entscheidungen aus dem Spezialisten-Milieu der Ausschüsse zu transponieren in jenen größeren Bezug, der den Wähler interessiert.

CONCLUSIO

Ich glaube, öffentliche Rede-Schlachten, emotionalisiert durch klatschende Fraktionen, laufen Gefahr, die populärere, die im Augenblick einleuchtendere, die besonders geschickt vertretene Entscheidung durchzusetzen – welches nicht die richtige zu sein braucht. Wo solche Entscheidungen jedoch vorbereitet und in wesentlichen Punkten vorherbestimmt werden durch die nichtöffentliche Arbeit in den Ausschüssen, kann diese Gefahr – der sich ja auch die Abgeordneten bewußt sind – in Kauf genommen werden. »Das Volk« erlebt dann an den Fernsehschirmen zwar nicht die eigentlichen Entscheidungsprozesse, wohl aber eine öffentliche Rechtfertigung dieser Entscheidungsprozesse mit dem Akt der Entscheidung (Abstimmung). Man könnte sogar hoffen, daß dieses Miterleben auch zu einer Art Mitbestimmung wird dadurch, daß auf das Fernsehpublikum in seiner Eigenschaft als »die Wähler« Rücksicht genommen werden muß.

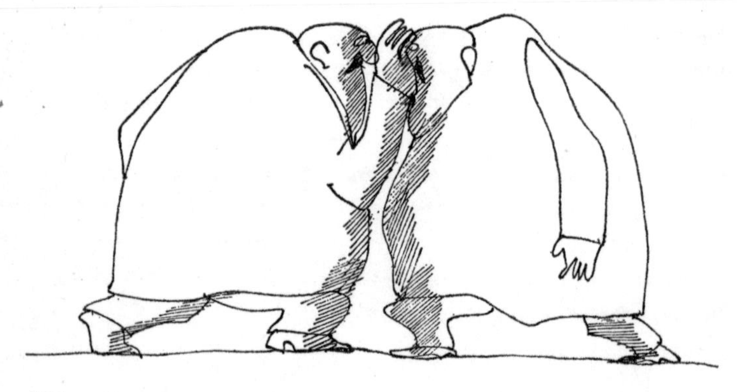

Wahlkampf

Es gibt in allen parlamentarisch regierten Ländern, am Ende jeder Legislaturperiode immer wieder das gleiche. Optimisten registrieren verstärktes politisches Interesse. Pessimisten bemerken vor allem eine Inflation von Beschimpfungen, Unterstellungen, Verleumdungen. Was spricht für einen Wahlkampf?

PRO

1. Gerade in einer parlamentarischen Demokratie, deren Prinzip darin liegt, daß der Wählerwille an Abgeordnete delegiert wird, muß den Bürgern die Möglichkeit gegeben werden, an ihre Partei, an ihre Abgeordneten Fragen zu stellen; muß den Parteien Gelegenheit gegeben werden, sich zu profilieren, indem sie solche Fragen beantworten. Welche Zeit eignet sich dafür besser als die, in der aus unbefriedigenden Antworten bald darauf Konsequenzen gezogen werden können: Diese Partei wähle ich nicht wieder!
2. Alles sei uns recht, was dazu beitragen kann, den in der parlamentarischen Demokratie ohnehin leicht zu großen Abstand zwischen Wählern und Abgeordneten zu verkleinern. Im Wahlkampf geraten sie in nützliche Tuchfühlung miteinander.
3. Eine Demokratie, das zeigt der internationale Vergleich, ist um so lebendiger, je bewegter ihre Wahlkämpfe sind. Das eben macht die Demokratie zur Demokratie: daß der Wahl ein Kampf vorausgeht. »Friedliche« Wahlen gibt es in der Sowjetunion und in Spanien.
4. Wahlkämpfe geben nicht nur den Parteien Gelegenheit, sich zu profilieren den Wählern gegenüber; sie geben auch jungen Politikern Gelegenheit, sich innerhalb ihrer Partei zu profilieren.
5. Das Fernsehprogramm ist zu keiner anderen Zeit so relativ interessant wie während eines Wahlkampfs.
6. Keine Zeitung sollte über den Wahlkampf klagen. Denn ge-

rade sie profitiert davon, indirekt durch verstärktes Leserinteresse, direkt durch Anzeigenaufträge.

CONTRA

1. Es scheint widersinnig, daß eine Partei vier Jahre lang profillos regieren oder opponieren soll, um dann in vier regierungsfreien Wochen Profil zu gewinnen.
2. Der Anschauungsunterricht in Demokratie, den die Politiker den Bürgern während des Wahlkampfes bieten, wirkt oft eher abschreckend als aufklärend.
3. Da der Wahlkampf nicht vier Wochen, sondern so ungefähr ein halbes Jahr vor den Wahlen einsetzt, werden alle acht Jahre ein ganzes Jahr lang innen- wie außenpolitische Entscheidungen nicht durch Vernunft und Notwendigkeit, sondern durch Spekulationen auf die Gunst der Wähler bestimmt.
4. Von dem Geld, das im Wahlkampf für Eigenlob und Diffamierung des Gegners verschleudert wird, könnten mehrere Krankenhäuser gebaut werden.
5. Der Verteilerschlüssel für Unterstützung des Wahlkampfes aus Steuergeldern – 2,50 Mark pro Wähler, Erhöhung ist bereits vorgesehen – wirkt »systemstabilisierend«, indem er der Partei, die schon die meisten Wähler hat, am meisten hilft.
6. Werden dem Wahlkampf die öffentlichen Mittel entzogen, dann hilft das der Partei, die die reichsten Wähler hat.

CONCLUSIO

Die Berufung auf andere parlamentarische Demokratien scheint mir unwiderlegbar: Wer freie Wahlen will, muß die Kämpfe wollen, die ihnen vorausgehen. Aber man sollte aus solchen internationalen Vergleichen nicht immer nur das herausholen, was einem paßt. Die Finanzierung des Wahlkampfes aus Steuergeldern kann sich nicht auf einen internationalen Consensus stützen. Es gibt sie in anderen Ländern gar nicht oder nicht in dem Ausmaße wie bei uns. Sie sollte daher auch bei uns nicht ausgebaut, sondern abgebaut werden – abgebaut zusammen mit einer in

Deutschland wie nirgendwo sonst vorherrschenden Tendenz des Staates und seiner Diener (Abgeordnete, Beamte), bei Zugriff auf die öffentlichen Mittel ihren eigenen Belangen Priorität einzuräumen. Daß ein nicht mehr aus Steuergeldern finanzierter Wahlkampf die »Partei der Reichen« bevorzuge, scheint eine Konstruktion, die Nachprüfungen nicht standhält: weil die privaten Mittel heute, wo es einige wenige kommunistische Millionäre gibt und sehr viele konservative Rentner, nicht mehr so ungleichmäßig unter den Wählern aufgeteilt sind; vor allem jedoch, weil Hunderte von enthusiastischen Wahlhelfern mehr bringen als Tausende von D-Mark oder Dollars.

Gewalt gegen Personen

Es mag nicht möglich sein, Menschheitsthemen, über die seit Jahrhunderten gedacht und geschrieben wird, auf das enge Schema »pro und contra« zusammenzudrängen. Es erscheint mir dennoch nötig. – Unter »Gewalt« sei jener Zwang verstanden, der vom Psychischen ins Physische umschlägt, der in »Handgreiflichkeiten« ausartet. Mit »Personen« seien alle Menschen gemeint. Gewalt gegen Personen reicht demnach von der Ohrfeige bis zum Massenmord. Im bewußten Widerspruch zu extremen Ansichten trenne ich »Gewalt gegen Personen« von »Gewalt gegen Sachen«. »Wenn wir ein Munitionsdepot vernichten«, sagen die einen, »können wir auf die Bewacher keine Rücksicht nehmen.« »Wenn ein Kaufhaus angezündet wird«, sagen die anderen, »können Menschen zu Schaden kommen.« Beide haben recht: »Gewalt gegen Sachen« kann umschlagen in »Gewalt gegen Personen«. Kann; muß nicht. Solange Gewalt nur »potentiell« auch gegen Personen gerichtet ist, bleibt sie außerhalb des Rahmens der folgenden Überlegungen. Denn »möglich« ist beinahe alles in dieser besten aller möglichen Welten.

PRO

1. Der gerechte Krieg (heute auch »Verteidigungskrieg« genannt) legitimiert das Töten von Gegnern, macht die Gewalt zum Gesetz.
2. Dem Feind der Gesellschaft, dem Gesetzesbrecher oder auch »Verbrecher« gegenüber hat die Gesellschaft das (an Polizei und Justiz delegierte) Recht zu gewaltsamer Festnahme und gewaltsamem Freiheitsentzug.
3. Dem Außenseiter der Gesellschaft, dem Irren oder sonst von den Normen abweichenden Kranken gegenüber hat die Gesellschaft das (an Ärzte und Pfleger delegierte) Recht, ihn mit Gewalt zu bewahren.
4. Kinder stehen in der Gewalt von Eltern und Erziehern.

5. Eine harte, also oft sachgerechte Ausbildung, sei es zum Soldaten oder zum Leistungssportler, ist nicht möglich ohne Befehl und Gewalt.
6. Wenn ein Zustand (»eine Gesellschaft«) verändert werden muß und nur mit Gewalt verändert werden kann, dann rechtfertigt die Notwendigkeit der Veränderung auch die Anwendung von Gewalt.
7. Gewalt kann nur gebrochen werden durch Gewalt; jeder zu Unrecht Angegriffene hat das Recht auf Gegenangriff (sogenannte Verteidigung) als Notwehr.

CONTRA

1. Der »gerechte Krieg« ist ein Anachronismus, ein tausendfach als unglaubwürdig erwiesener Rechtfertigungsgrund für die Anwendung von Gewalt; einen Schein von Glaubwürdigkeit konnte er nur so lange haben, wie Menschen allen Ernstes glaubten, durch die Vernichtung von Körpern könnten Seelen gerettet werden.
2. Alle Kollektivgebilde – Staaten, Klassen, Religionsgemeinschaften, ideologische Gruppen, Parteien – behaupten, kollektive Gewaltanwendung sei eher vertretbar als individuelle Gewaltanwendung. »Eher vertretbar« vor wem?
3. Was die »Irren« und Außenseiter anlangt, so erinnern sie an den Affen im Zoo, der zum anderen Affen sagte: Guck dir doch mal die Affen an da draußen vor dem Gitter ...
4. Bisher hat noch beinahe jede Gesellschaft das »Töten im Namen des Gesetzes« sanktioniert – die Henker wurden verachtet.
5. Eine der so schwer zu definierenden Grenzen von Gewaltanwendung liegt zwischen »Schock« (der immerhin als heilsam erklärt werden mag) und Tötung. Kein Zweck ist so hoch, daß er als Mittel die absichtliche Tötung von Menschen rechtfertigte.
6. »Selbst wenn die Gewalt an der Seite der Gerechtigkeit auftritt, so mehrt sie sie nicht, sondern verwirrt und hindert die Wirkung der Gerechtigkeit, weil sie das beleidigte Gefühl der Humanität gegen sich wachruft« (Benedetto Croce).

7. Differenzierungsversuche – hier erlaubte Gewalt, dort unerlaubte – werden vorzüglich von denen geleistet, die damit für »unerlaubt im eigenen Lande« plädieren. In Irland, Israel und Südamerika, sagt man dann wohl, sei Gewalt vielleicht vertretbar, nicht jedoch im zivilisierteren Europa. So schon Molière: »Wir sind in einem Staat und einer Zeit, wo mit Gewalt nichts auszurichten ist.« Die Bourbonen bewiesen das Gegenteil.
8. Will eine Mehrheit die Gesellschaftsordnung ändern, dann bedarf es dazu nach demokratischem Weltverständnis nicht der Gewalt. Gewaltanwendung einer Minorität (von Regierenden oder Regierten) muß auf Gegengewalt stoßen.

CONCLUSIO

Es mag auf den ersten Blick sonderbar genug aussehen, wenn jemand »Argumente für Gewalt gegen Personen« zusammenstellt. Ein zweiter Blick lehrt: unter den Pro-Argumenten finden sich manche, die die meisten von uns sich zu eigen machen. Daß Gewalt, wenn sie von Staaten (oder anderen Kollektiven) ausgeht, vertretbarer wäre als bei einzelnen Gewalttätern, kann politisch bewiesen werden – nicht moralisch. Gewalt ist ontologisch, ihrer

Entstehungsgeschichte nach, ja nicht so zu sehen, wie sie erscheinen mag dort, wo es »just passieret«: als Störung menschlichen Friedens; sondern sie muß umgekehrt gesehen werden als Bestandteil menschlichen Handelns von den Anfängen an, seit Kain und Abel. Der Fortschritt des Menschengeschlechts hätte darin zu bestehen, daß vorsätzliches Töten von Menschen ausgeschlossen wird aus der Spätgeschichte der Menschheit. Inder in der Nachfolge Ghandis haben sich darin versucht wie Europäer in der Nachfolge Jesu Christi – auf die Dauer mit spektakulärem Mißerfolg. Die Aufgabe ist damit neu gestellt, und neue Mißerfolge können nicht ausbleiben. Möglich ist nur ein allmählicher Abbau von Aggressionen, die auf Gewalt zielen. Auf die Todesstrafe haben wir verzichtet; das war ein großer Schritt. Auf Gewalt gegen Schwächere müßte verzichtet werden können. Kaum verzichtet werden kann auf Gewalt als Notwehr gegen Gewalt. Aber auch da könnte eine alte israelische Regel, die so oft mißverstanden wird, weiterhelfen. Auch in Notwehr wäre danach nicht gleich das Leben des Angreifers zu fordern, sondern ein Auge für ein Auge, ein Zahn für einen Zahn. Es sieht nicht so aus, als ob die Menschheit seit den Tagen des Alten Testaments große Fortschritte gemacht hätte in der Kunst, ohne Gewalt zu leben.

Rassentrennung

Die Rassentrennung wird, als »apartheid«, vor allem in der Südafrikanischen Republik praktiziert und ist als solche in der ganzen liberalen Welt verrufen. Rationale Argumente taugen jedoch zu nichts, wenn sie unterdrückt werden können von der Angst vor einem heiklen Thema. Auch das anscheinend von allen Wohlwollenden für richtig Gehaltene verdient es, immer wieder zweifelnden Fragen ausgesetzt zu werden.

PRO

1. Rassentrennung wird in vielen Ländern dieser Erde praktiziert – wie es nicht nur ein Neger in Südafrika, sondern auch ein Chinese in Uganda, ein Deutscher in Japan, ein Araber in Israel, ein Grönländer in Kopenhagen erfahren kann.
2. Rassentrennung kann offenbar, wenigstens zeitweilig, die Explosionen der Rassenmischung – deutsche Gasöfen wie nordamerikanische Blutbäder – vermeiden.
3. Das Kohabitationsverbot dient dem Schutz der farbigen Frau, die überall dort, wo es dieses Verbot nicht gibt, von weißen Männern sexuell ausgebeutet werden kann.
4. Rassen bleiben, wie andere Gruppen, am liebsten unter sich, haben ihre eigenen Gewohnheiten, ihre eigenen Mahlzeiten, ihre eigenen Gerüche.
5. Verschiedene Rassen repräsentieren nicht nur einen verschiedenen biogenetischen Code, sondern auch verschiedene Zivilisationsstufen. Solche Stufen lassen sich nicht einfach überspringen, wie an den Negerstaaten Afrikas abzulesen ist. Und wo sie durch Vermischung sich auflösen, bedeutet das einen Abstieg, einen Verlust an Substanz für alle.
6. Für Rassenmischung läßt sich theoretisch so bequem plädieren; manches deutsche Mädchen (zum Beispiel), das einem Geliebten in dessen arabische Heimat gefolgt ist, war hinterher klüger.

7. Die weiße Rasse ist wertvoller als die gelbe, die gelbe wertvoller als die schwarze. Das hat, so heißt es, jeder erfahren, der schon mit Weißen, Gelben und Schwarzen zusammengelebt und -gearbeitet hat.

CONTRA

1. Manchmal hat man den Eindruck, als ob, emotional, alle Pro-Argumente auf das siebte hinausliefen. Welch ungeheuerlicher Hochmut oder welche stupide Orientierung an Effizienz und Produktion gehörte aber dazu, »Wert« und »Unwert« von Menschen in dieser Weise zu bestimmen.
2. Wir sind alle Gottes Kinder. Man kann das auch weltlicher und weniger metaphorisch sagen.
3. Rassengemeinschaften gibt es zweifellos, nur Mangel an Erfahrung kann sie leugnen. Aber die Gemeinschaft der Menschen ist ihnen überzuordnen – so, wie es in der »Erklärung der Menschenrechte« zu Recht gefordert wird.
4. Ein Zivilisationsgefälle, das es gewiß gibt, ist doch gar nicht besser auszugleichen als durch Rassenmischung – wie das Beispiel Brasilien lehrt. Oft werden Neger von Weißen akzeptiert mit der Einschränkung: das seien aber Mischlinge! Ergibt sich daraus nicht das Rezept: viel mehr Mischlinge produzieren? So, wie es in einem südafrikanischen Protestlied heißt: *»And she give him a little bit of black in the night, and he give her a little bit of white.«*
5. Auch eine streng an Nutzwerten orientierte Erbbiologie hat herausgefunden, daß »Mischlinge« keineswegs so minderwertig sind, wie sie den scheinbar Reinrassigen vorkommen mögen. Im Gegenteil: die schönsten, die intelligentesten, die »wertvollsten« Menschen sind oft identifizierbar als »Mischlinge«: zwischen Schwarzen und Weißen, zwischen Juden und Arabern, zwischen Conquistadoren und Rothäuten. Selbst Tierversuche sprechen oft für den Mischling.
6. Was sich so scheinbar wertneutral als »Rassentrennung« bezeichnet, bedeutet in der Praxis Unterdrückung, Austreibung oder gar Vernichtung einer anderen Rasse.

7. Provinzialismus, diese lähmende, geisttötende, selbstzufriedene, fortschrittsfeindliche intellektuelle Inzucht, läßt sich nur heilen durch Kontakte – auf der ersten Stufe mit Andersdenkenden, auf der zweiten Stufe mit Anderssprechenden, auf der dritten Stufe mit Andersfarbigen.

CONCLUSIO

Ich glaube, wer den Gedanken der Rassentrennung von vornherein ablehnt oder verketzert, macht es sich zu leicht. Vor allem dann, wenn er die durchaus ja vorhandenen Verschiedenheiten der Rassen und der durch sie repräsentierten Zivilisationen nie im Bereich des eigenen Lebens erfahren hat. Nicht zu reden davon, daß im Weltbild des jüngeren Marxismus Rassen eigentlich überhaupt keine Rolle spielen dürften, solange man sie nicht auf eine Klassenformel bringen kann (was in Südafrika und Nordamerika scheinbar leichtfällt – aber in Israel? aber in Uganda?). Es ist wieder einmal alles viel komplizierter. Vor weißem Hochmut freilich könnte ein Studium der chinesischen oder arabischen Kultur bewahren, die schon weit entwickelt war zu einer Zeit, als unsere Vorfahren von ihren Nachbarn noch mit Recht »Barbaren« genannt wurden. Aber auch in Demut ließe sich ja Rassentrennung befürworten. Wenn ich ein Gegner der Apartheid bin, dann ganz ohne Stolz: denn ich habe nie in Südafrika gelebt und gearbeitet. Mir ist dennoch ein Land wie Brasilien – in dem ich auch weder gelebt noch gearbeitet habe – sympathischer. Warum wohl, frage ich mich, mache ich mir die Contra-Argumente lieber zu eigen als die Pro-Argumente? Die Antwort: auch für einen Liberalen, der die Tendenzen, alles Physische ins Metaphysische zu entrücken, wahrhaftig skeptisch genug aufnimmt, auch für ihn werden Schwarze und Weiße und Gelbe in die gleiche Welt geboren, auch für ihn sterben Gelbe und Weiße und Schwarze den gleichen, alles auf eine bedrükkende Weise beendenden Tod. Für ihn gibt es eine denkbare Instanz, vor der alle Menschen gleich sind. Und wenn die Formel »wir sind alle Gottes Kinder« davon etwas ausdrückt, dann ist er, dann bin ich bereit, sie zu akzeptieren.

Law and order

Wer die amerikanische Formel *»law and order«* ins Deutsche übertragen will, gerät in Schwierigkeiten, und das nicht zufällig. Soll er nun von »Gesetz und Ordnung« reden, wovon in Deutschland in dieser Form nie die Rede war? Oder soll er an die Stelle des amerikanischen Codewortes das deutsche Codewort »Ruhe und Ordnung« setzen?

PRO

1. »Ruhe ist die erste Bürgerpflicht« (Minister v. d. Schulenburg) und »das Gesetz nur kann uns Freiheit geben« (Goethe).
2. Preußen hat Deutschland, »Ruhe und Ordnung« haben Preußen groß gemacht.
3. Wer in einer pluralistischen Gesellschaft an den Gesetzen rüttelt, rüttelt an der einzigen für alle verbindlichen Norm.
4. Wer den Lärm und das Chaos nicht will, muß die Ruhe wollen und die Ordnung.
5. Wer gegen Gesetz, Ruhe und Ordnung verstößt, verstößt gegen die Autorität des Staates und darf sich nicht wundern, wenn er als Staatsfeind behandelt wird.

6. Wer nicht für *»law and order«* ist, ist mitverantwortlich für die steigende Kriminalität.

CONTRA

1. »Es erben sich Gesetz und Rechte wie eine ew'ge Krankheit fort« (Goethe).
2. Gewiß haben gerade in der deutschen Geschichte »Ruhe« und »Ordnung« eine große Rolle gespielt; aber manchmal war es die Ruhe eines Kirchhofs und die Ordnung eines Kasernenhofs.
3. Jede Veränderung, jeder Fortschritt stört, zerstört manchmal auch alte Ordnungen. Soll deswegen alles immer beim alten bleiben? Verdienen auch alte Ungerechtigkeiten den Schutz des Staates um der »Ruhe und Ordnung« willen?
4. Den Buchstaben des Gesetzes sich fügen, kann nicht heißen, die Buchstaben des Gesetzes für absolut und unabänderlich gut halten. Sonst müßten wir noch heute Schafsdiebe aufhängen.
5. Wäre das 6. Pro-Argument voll ausgeschrieben worden, dann hätte es so scheinen können, als sollten hier die Pro-Argumente diffamiert werden. Da wir gerade das vermeiden wollen, die Argumente der anderen Seite schwächer zu machen, als sie sind, sei hier unter CONTRA notiert, daß jenes 6. Pro-Argument oft noch einen bezeichnenden Nachsatz hat, der heißt: »Unter Hitler gab es solche Schweinereien nicht.«
6. Manche Befürworter von *»law and order«* unterstellen, die Alternative heiße *»crime and uproar«*. Es gibt aber auch eine liberale Alternative zum starren Festhalten an »Gesetz und Ordnung« – sie heißt: Reform und Freiheit.

CONCLUSIO

Wer seinen Sturm und Drang hinter sich hat, wünscht sich gewiß, daß die Gesetze (mögen sie weise sein) befolgt und daß der Freiheit des einzelnen dort Grenzen gezogen werden, wo anderen einzelnen sonst geschadet würde. Dennoch graut ihm vor dem, was die Mächtigen *»law and order«* nennen, denn er kennt die unrühmliche Tradition dieses Schlagwortes, das von Barry

Goldwater 1964 aus der Mottenkiste der amerikanischen Reaktion geholt wurde, um in den USA die Bürgerrechtsbewegung abzuwürgen: Es sollte Rechtens bleiben, daß Neger Menschen zweiter Klasse sind und Befehlen zu parieren haben. Die Ruhe, die Gesetzestreue und die Ordnung erscheinen mir als wünschenswerte Bedingungen menschlichen Fortschritts, aber nicht als sakrosanktes Ziel menschlichen Strebens.

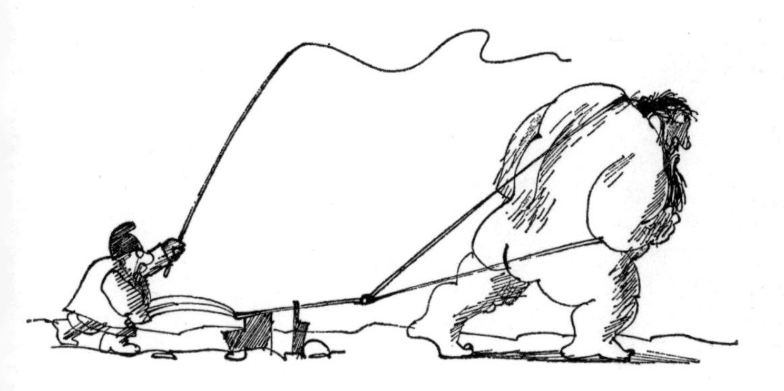

Moral und Transzendenz

Erbliche Intelligenz

Viele der hier folgenden Argumente mögen manchen als weniger moralisch oder gar transzendental, sondern als durchaus »wissenschaftlich« oder gar »rational« erscheinen. Und für einzelne Argumente gilt das gewiß. Erfahrung hat jedoch gelehrt, daß die Fragen, um die es dabei geht, sich stärker als andere gegen rationale Antworten sperren. Ein wissenschaftlicher Klärung scheinbar so zugängliches Problem wie das, ob Intelligenz vererbt wird, gibt Anlaß zu heftigen ideologischen Kontroversen. Wer Erblichkeit bejaht, wird von Progressiven gern verdächtigt, er sei in Wirklichkeit nicht interessiert an gleichen Bildungschancen für alle. Wer sie verneint, dem werden biogenetische Ahnungslosigkeit und utopische Milieu-Gläubigkeit vorgeworfen. Der Bruch zwischen Befürwortern hie der ererbten, dort der anerziehbaren Intelligenz geht quer durch die Genetik, die Psychologie, die Soziologie und die Pädagogik. Die folgenden Argumente sind von den Vertretern dieser Fachwissenschaften entliehen und, soweit wie möglich, in normale Umgangssprache übersetzt.

CONTRA

1. »Intelligenz« als solche ist keine Erbanlage, sondern allenfalls eine abendländische Abstraktion von einem Konglomerat möglicherweise erblicher Anlagen. Dazu gehört beispielsweise so etwas wie »Interessiertheit«, bei der doch näher liegt, daß sie nach der Geburt geweckt wird, als daß sie vorher schon vorhanden ist.
2. Es ist nachweisbar, daß – im statistischen Durchschnitt – Kinder, die in einem intakten Elternhaus groß werden, einen höheren IQ haben als Heimkinder. Dabei ist IQ (Intelligenz-Quotient) die übliche Maßeinheit für Intelligenz; sie reicht von den Grenzen des Schwachsinns bei 70 über den Durchschnitt 100 bis zur Intelligenzbestie mit 140 und mehr.

3. Daraus, daß für die übliche IQ-Errechnung die Intelligenz eines Zehnjährigen höher angesetzt wird als die eines Dreijährigen (Milieu-Einfluß des Elternhauses), daß der IQ eines Gymnasiasten normalerweise höher ist als der eines Volksschülers (Milieu-Einfluß der Schule), ergibt sich, daß »Intelligenz« erworben werden kann.

4. Die eineiigen Zwillinge, die nach der Geburt getrennt werden, Lieblingskinder der Vererbungstheoretiker, können ihre unleugbar ähnlichen (»hoch korrelierenden«) intellektuellen Fähigkeiten auch den Ähnlichkeiten des Milieus zu verdanken haben: im Mutterleib; bei der Geburt; in den Wochen, Monaten, oft Jahren zwischen Geburt und Trennung. Und schließlich gibt es nachgewiesenermaßen auch Ähnlichkeiten zwischen allen Adoptiv-Milieus, womit hier gemeint ist das Verhalten von Adoptiv-Eltern zu Adoptiv-Kindern.

PRO

1. Unleugbar werden Haut- und Haarfarbe vererbt. Warum sollte die Natur sich bei der Vererbung auf oberflächliche, für jedermann sichtbare Eigenschaften beschränken?

2. Es ist möglich, »intelligente« (zum Beispiel: auch unter erschwerten Bedingungen ihr Futter findende) und »dumme« (unter erschwerten Daseinsbedingungen verhungernde) Tiere zu züchten – womit der Nachweis erbracht ist, daß unter unseren Verwandten in absteigender Evolution eine bestimmte Art von »Intelligenz« und eine bestimmte Art von »Dummheit« vererbt werden können.

3. In schwachsinnigen Familien ist schwachsinniger Nachwuchs häufiger zu beobachten als in »normal-intelligenten« Familien. In geistig hochstehenden Familien ist geistig hochstehender Nachwuchs ein Beobachtungsfaktor der Kulturgeschichte – ob sie den Blick nun richtet auf die Musiker-Familie Bach oder auf die kulturellen Leistungen protestantischer Pfarrhäuser im 18. und 19. Jahrhundert.

4. Daß eineiige Zwillinge einander »zum Verwechseln ähnlich« sind, weiß jeder. Diese Ähnlichkeit erklären alle Biogenetiker

übereinstimmend damit, daß diese Zwillinge genau die gleichen Erbanlagen haben. Daß zu diesen Erbfaktoren auch solche gehören, deren Zusammenwirken wir als »Intelligenz« deuten, ist doch sehr wahrscheinlich; es wurde bewiesen durch viele Versuche, bei denen eineiige Zwillinge beobachtet werden konnten, die unmittelbar oder bald nach der Geburt getrennt wurden: Sie hatten »in der Regel« (Korrelations-Koeffizient 0,7 und höher) auch nach jahrelangem Leben in verschiedenen Milieus den gleichen Intelligenzquotienten. Als eine Art Gegenprobe dazu können die Beobachtungen von Geschwistern, auch zwei-eiigen Zwillingen dienen, die trotz völlig gleichem Milieu verschieden intelligent sind: eben weil sie verschiedene Erbanlagen haben.

5. All unsere Vorstellungen von Evolution beruhen auf Vererbung. Und wenn der Mensch trotz manchen Zweifeln als »das intelligenteste Tier« zu gelten hat, so ist sein Evolutionsprozeß doch nur erklärbar durch Vererbung von »Intelligenz«.

6. Die Vertreter der Milieu-Intelligenz müssen sich endlich einmal darüber einigen, wann eigentlich ihre Intelligenz erworben wird. Man kann nicht (wie es heute dauernd geschieht) einmal die Spanne zwischen Empfängnis und drittem Lebensjahr angeben, weil sich so der Vererbungsbeweis durch eineiige Zwillinge am leichtesten unterlaufen läßt; andererseits jedoch vom dritten bis sechsten Lebensjahr sprechen, weil man den Nutzen der Vorschulerziehung belegen will.

CONCLUSIO

Die Argumente dafür, daß wie die Farbe von Haaren und Augen auch nicht-physische, also »emotionale« oder »intellektuelle« Eigenschaften vererbt werden, scheinen mir unwiderlegbar. Wobei eine »schwierige gegenseitige Bedingtheit« (v. Hentig) von Erbfaktoren und Erziehung festzustellen ist: ohne eine adäquate Umwelt können sich auch die besten Erbanlagen nur schwer entfalten; ohne entsprechende Erbanlagen hilft auch die beste Erziehung nichts. In der Tat ergibt sich daraus eine unserem sozialen Gewissen zuwiderlaufende Chancen-Ungleichheit von Geburt an; eine ganz ähnliche Chancen-Ungleichheit, wie sie der weniger schöne Mensch weiblichen Geschlechts gegenüber der schöneren Rivalin überwinden muß – »Emanzipierte« mögen sagen, was sie wollen. Und auf das Überwinden der Ungleichheiten käme es an, wo das demokratische Prinzip sich behaupten will gegen das elitäre (aristokratische, oligarchische, hierarchische). Der Spielraum, den das genetische Grundgesetz offenläßt, ist groß genug, um erhebliche Korrekturen durch alles, was man Erziehung nennen könnte, zuzulassen. Dies ist, glaube ich, das ewige Dilemma aller pädagogischen Arbeit: daß sie zwei einander scheinbar zuwiderlaufende Aufträge zu erfüllen hat; nämlich: die naturgegebenen Anlagen eines Kindes voll zu entwickeln (elitäres Prinzip) und dennoch die naturgegebenen Ungleichheiten soweit wie möglich zu überwinden (demokratisches Prinzip). Wer den Widerspruch als Teil des Lebens begreift, wird keinen der beiden Aufträge geringer schätzen; aber er wird verstehen, daß um der Korrektur festgefahrener Normen willen bald der eine, bald der andere Auftrag denjenigen, die dem Ganzen dienen wollen, wichtiger erscheint.

Schwangerschaftsabbruch

Eine wissenschaftsgläubige, Spezialisten vertrauende Gesellschaft steht hier vor einem Dilemma: Wer ist da eigentlich zuständig? Gynäkologen? Theologen? Juristen? Soziologen? Biologen? Futurologen? Politiker? Die Argumente pro und contra kommen aus den verschiedensten Bereichen. Gern habe ich mir von vornherein ein Argument der Gegner zu eigen gemacht, von denen mit Recht der Ausdruck »Schwangerschaftsunterbrechung« als unzulässige Verharmlosung abgelehnt wird: das klingt ja so, als ob es, wie bei der Unterbrechung eines Spieles oder einer Straße, dann doch einmal wieder weiterginge, während in Wirklichkeit nichts mehr geht, alles wird abgebrochen.

CONTRA

1. Für orthodoxe christliche Theologen ist jede absichtliche Tötung keimenden menschlichen Lebens mit Mord gleichzusetzen. Das gilt, streng genommen, auch für Empfängnisverhütung. Die Ablehnung der Pille durch den Papst ist daher nur konsequent.
2. Einem eher vagen, liberaleren religiösen Bewußtsein bereitet der Gedanke Unbehagen, das Leben eines rein äußerlich schon bereits menschenähnlichen Fötus, der älter ist als drei Monate, zu beenden. Daher der Vorschlag einer »Fristenlösung«.
3. Ärzte warnen vor nachteiligen physischen und vor allem (mit größerem Recht wohl) psychischen Folgen eines Schwangerschaftsabbruches: Schuldgefühle, Frigidität ...
4. Sozial- und Moralpolitiker fürchten eine zunehmende »Verwilderung der Sitten«, wenn der Zeugungsvorgang immer weniger mit Zeugung und immer mehr mit Lustgewinn zu tun hat.
5. Nationalpolitiker wünschen sich starke Völker mit einem kräftigen Geburtenüberschuß.
6. Es gibt ein ärztliches Ethos, dessen Tendenz dahin geht, Leben um beinahe jeden Preis zu erhalten – auch das des unheilbar

dahinsiechenden Greises, auch das des vom Menschsein noch (mehr oder minder) fernen Embryos.

PRO

1. Pragmatiker weisen darauf hin, daß in den beiden einander konfrontierenden Weltmächten, in den kapitalistischen Vereinigten Staaten wie in der kommunistischen Sowjetunion, Schwangerschaftsabbruch während der ersten drei Monate nicht mehr von Strafen bedroht wird. Und sie fragen: Erheben die Deutschen wieder einmal Anspruch auf eine höhere Sittlichkeit?
2. Ein Querschnitt durch die »Weltmeinung« der Gynäkologen ergibt: Das physische Risiko eines Schwangerschaftsabbruches ist, wenn er rechtzeitig und kompetent durchgeführt wird, eher geringer einzuschätzen als das einer Geburt. Über das psychische Risiko gibt es schlechterdings keine zuverlässigen statistischen Daten; es kann sie auch nicht geben, da niemand die Grenze zu ziehen vermag, jenseits deren Reue oder sexuelle Indifferenz als »krankhaft« bezeichnet werden könnten.
3. Daß ein Embryo »lebt«, ist unbestreitbar. Wo jedoch menschliches Eigenleben beginnt – in der Samenzelle, bei der Zellenverbindung, bei der Nidation, bei der Genen-Verschmelzung, im 4. Monat, im 6. Monat oder nach der Geburt – dazu gibt es keine objektiven, jedermann einleuchtenden Kriterien.
4. Die von manchen Ärzten beschworenen Gefahren des Schwangerschaftsabbruches sind zu einem gewiß nicht geringen Teil Folge der Gesetzgebung: Wo Ärzten der Eingriff verboten ist, wenden sich die Frauen hilfesuchend an Kurpfuscher und Engelmacherinnen.
5. Futurologen weisen hin auf die »Erdbevölkerungs-Explosion« und warnen: bald werde nicht der Schwangerschaftsabbruch, sondern ungezügeltes Gebären unter Strafe gestellt werden müssen, wenn die Menschheit nicht Selbstmord begehen will.
6. Konsequente Sozialisten wissen und sagen seit langem: die deutsche Strafgesetzgebung trifft nur die Armen. Wer zwei- bis dreitausend Mark aufbringen kann für (vor Jahren: den willigen deutschen Arzt, heute:) die Flugkarte nach London und die

englischen Arzthonorare (die zwischen £ 50 und £ 250 pendeln), für den ist die ganze Auseinandersetzung um den Paragraphen 218 reine Theorie. Wer Geld hat, braucht nicht zu gebären.
7. Das Elend, das ein unerwünscht geborenes Kind für ein lediges Mädchen, für eine ohnehin schon überbeanspruchte Frau bedeuten kann, ist in keine rationale Gleichung einsetzbar.

CONCLUSIO

Die rationalen Argumente halten sich, meiner Ansicht nach, das Gleichgewicht. Das siebte Pro-Argument ist, wiederum: meiner persönlichen Ansicht nach, entscheidend. Das einzige faire und gesellschaftspolitisch saubere Verfahren wäre es daher, die Männer enthielten sich in dieser Diskussion der Contra-Stimmen oder überließen doch wenigstens die Entscheidung der betroffenen Gruppe: den Frauen. Statt dessen wird die letztlich allein maßgebliche, nämlich: im Gesetz sich niederschlagende, Diskussion überwiegend von Männern geführt.

Tötung auf Verlangen

Von »Euthanasie« sprechen wir nicht mehr gern. Zu furchtbar ist dieser human gemeinte Begriff in Deutschland (1933 bis 1945) mißbraucht worden. Und welche *»thanasie«* wäre schon *»eu«*, auf deutsch: welches Sterben wäre schon gut? Den oft mühsamen Versuch, alle einigermaßen vertretbaren Argumente pro und contra zu sammeln, erleichterte mir hier Emil Obermann mit einer Diskussion im deutschen Fernsehen. Das Thema nannte er klugerweise nicht »Euthanasie«, sondern »Tötung auf Verlangen«.

PRO

1. Es ist Sache des Sterbenden, und nicht des Arztes, zu bestimmen, wann die Qual des Sterbens ein Ende hat.
2. Wo der Selbstmord nicht bestraft wird, und die Beihilfe zum Selbstmord daher auch nicht: wie kann da »Tötung auf Ver-

langen«, was doch durchaus interpretierbar wäre als tätige Beihilfe zum Selbstmord, bestraft werden?

3. Wenn Sachverständige sagen, Tötung werde von todkranken Patienten (und um die nur gehe es hier) so gut wie niemals verlangt – warum sollte der Gesetzgeber mit Strafe bedrohen, was »so gut wie niemals« geschieht?

4. Es wird kaum jemals jemand ernsthaft bestraft wegen des Deliktes »Tötung auf Verlangen«. Warum einen Strafrechts-Paragraphen auch im reformierten Strafrecht beibehalten, der praktisch also offenbar nie in Kraft tritt?

5. Tag für Tag und Nacht für Nacht werden in unseren Krankenhäusern Hunderte von Sterbenden aufgegeben, die durch »Artistik« der Medizin (Herz-Lungen-Maschinen zum Beispiel) noch eine Weile am Leben gehalten werden könnten. Tag für Tag und Nacht für Nacht werden in unseren Krankenhäusern Gequälte von ihren Qualen befreit durch Medikamente, die ihre qualvollen letzten Stunden erleichtern und, als Nebenwirkung, verkürzen. Warum dann nicht klare Verhältnisse schaffen: Ein unheilbar Sterbender habe das Recht, seinen Tod zu wünschen.

CONTRA

1. Die Gefahr des Mißbrauchs einer rechtlichen Einwilligung in die Tötung auf Verlangen ist ungeheuer groß. Ist der Leidende, der den Tod wünscht, zurechnungsfähig, wenn er unter der Tortur schier unerträglicher Schmerzen steht? Ist der (von der Justiz zu fordernde) Zeuge unabhängig?

2. Die Medizin lehrt uns, daß »unheilbar krank« nicht mit Sicherheit definierbar ist. Immer wieder gibt es den einen oder anderen schon Totgesagten, der dann doch überlebt hat – und sei es nur ein paar Jahre . . . Monate . . . Wochen.

3. Aus orthodox christlicher Sicht ist auch der Selbstmörder schuldig. Niemand darf von sich aus verweigern, als null und nichtig erklären, was sein Schöpfer ihm gegeben hat.

4. Seit Hippokrates (mit Unterbrechungen), seit 2500 Jahren schwören die Ärzte darauf, Leben zu erhalten. Leben zu beenden, geht gegen das ärztliche Berufsethos.

5. Die Kampfmoral der Ärzte, die gegen den Tod gerichtet sein muß, würde geschwächt, wenn zugegeben werden müßte, daß der Tod dem Sterbenden auch Erlösung bedeuten kann.

CONCLUSIO

Ich bin der Ansicht, daß der Arzt, der auf Verlangen tötet, will sagen: unerträgliche Sterbensqualen beendet, dafür nicht auch noch bestraft werden darf. Die Position der Ärztekollektive, die Verlautbarungen herausgeben über die Würde des Menschenlebens, scheint mir ganz unhaltbar. Die Würde des lebenden Menschen ist wichtig. Der Tod sollte Sache des Sterbenden bleiben. Er ist es schließlich, der stirbt. Und wenn »Tötung auf Verlangen« so selten sein sollte, wie sie offenbar ist, dann wirft sie dennoch ein Licht auf das Verhältnis des Kranken zur Institution Krankenhaus. Die Art und Weise, wie ein Patient in dem Augenblick, in dem er die »Anmeldung« überschreitet (erste Pflicht: Formulare ausfüllen!), in vielen deutschen Krankenhäusern entmündigt und als Kind, als Objekt, als Fall, als Krankengut behandelt wird, läßt gar nichts anderes erwarten als: daß er auch über seinen Tod nicht frei verfügen darf. Dieser Satz hat, als er in der »Zeit« veröffentlicht wurde, heftige und erbitterte Proteste von Ärzten ausgelöst. Ich lasse ihn dennoch unverändert stehen. Es geht ja gar nicht darum, es wäre äußerst töricht, Ärzten den guten Willen abzusprechen. Nur haben sie nie ein Krankenhaus aus der Perspektive des normalen Kranken erlebt, können also gar nicht mitreden. Denn auch dann, wenn sie selber einmal Patienten sind, werden sie von ihren Kollegen bevorzugt behandelt – was zwar nicht recht ist, aber verständlich. Im übrigen erscheint mir die Gesetzesreform viele berechtigte Wünsche zu erfüllen: Wenn der (nicht strafbare) Tatbestand »Beihilfe zum Selbstmord« weit genug gefaßt wird, schließt er auch die »Tötung auf Verlangen« in den Fällen mit ein, in denen sie als ein Akt humanen oder christlichen Erbarmens verstanden werden darf.

Pornographie

Pornographie heißt wörtlich, aus dem Griechischen übersetzt, »Huren-Schreibe«. Es ist nie ganz geklärt worden, ob dabei über Huren geschrieben wird oder ob (was nach den Mustern »Biographie« und »Geographie« unwahrscheinlich wäre) die Huren selber schreiben. Gleichviel: die über die Huren hinaus erweiterte Bedeutung, die das Wort in der aktuellen Diskussion hat, ist klar genug. Und die Frage heißt nun, ob Pornographie von einem Staat geduldet werden kann.

CONTRA

1. Diese Schweinereien wollen wir (Männer) von unseren Frauen und Kindern fernhalten.
2. Die Intimsphäre, das letzte Reservat der anderweitig bald nur noch als Datum für EDV-Maschinen registrierten Persönlichkeit, sollte so stark wie möglich geschützt werden.
3. Pornographie ist unästhetisch, ist sexueller Kitsch – wo sie nicht Kunst ist.
4. Pornographie hat einen »Praxisbezug«. Wer sich an Pornographischem freut, vergewaltigt auch (wenn er anders seine De-Sade-Träume nicht verwirklichen kann).
5. Pornographie ist widernatürlich.
6. Intimphotos (der Frau zum Beispiel, mit gespreizten Beinen, die den Touristen aus manchen dänischen Kiosken anspringt) verletzen die Würde des Menschen.
7. Pornographie ist doch nichts anderes als eine profitorientierte Industrie für gewissenlose Geschäftemacher.
8. Die »weiche« Pornographie der Cover-Girls mag, wenn es denn sein muß, noch angehn; aber »harte« Pornographie müßte auf jeden Fall verboten werden.
9. Rührenderweise werden heutzutage auch nackte Männer vorgeführt; das ändert nichts daran, daß Pornographie am Ende immer auf eine Ausbeutung der Frauen hinausläuft. Neun von

zehn Objekten der Pornographie sind Frauen; neun von zehn Konsumenten der Pornographie sind Männer.

PRO

1. Warum sollte Menschliches uns fremd sein? Es gibt Schlimmeres als Pornographie (Brutalität, zum Beispiel).
2. Pornographie ist so unpersönlich, daß sie niemandes persönliche Intimsphäre verletzt. Wer sie nicht sehen will, schaue weg.
3. Nicht die Duldung der Pornographie, sondern das Verbot der Pornographie wäre ein Eingriff des Staates in die Intimsphäre.
4. Der »Kunstvorbehalt« wurde ein für allemal ausführlich widerlegt in Ludwig Marcuses Buch über »Das Obszöne«. Warum denn sollte sexuelle Aufreizung strafbar sein – so der Trend seiner Argumente –, wenn sie dilettantisch betrieben wird, und straffrei bleiben, wenn sie kunstvoll, also wahrscheinlich viel effektiver ist?
5. *In praxi* unerfüllbare Lustbedürfnisse werden erfüllt durch Pornographie. Abbildung und Beschreibung von Sexuellem reizen nicht so sehr auf, sondern dienen vielmehr als Ersatzbefriedigung.
6. Pornographie bricht Tabus und weist die Menschen zurück auf ihre wahre Natur.
7. Niemand kann gegen seinen Willen mit gespreizten Beinen photographiert werden.
8. Gewiß ist Pornographie zur Industrie geworden, wie alles

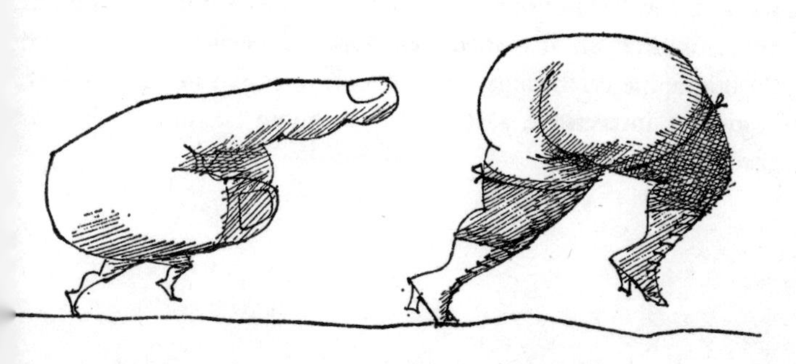

heutzutage. Aber es ist eine Industrie, die die Umwelt nicht verschmutzt, die viele amüsiert, manchen wohl auch hilft – und niemandem schadet.

9. Die Unterscheidung von »weicher« und »harter« Pornographie ist rein theoretisch. Alle praktischen Versuche der Grenzziehung müssen mißlingen.

CONCLUSIO

Ich finde die Pornographie der gespreizt photographierten Schenkel, wie sie einem in Skandinavien serviert werden, Symbole einer sexuellen Scheinfreiheit, langweilig bis widerwärtig. Es wird da auch in der Tat etwas verletzt, was man nicht gleich »die Würde des Menschen« zu nennen braucht. »Schamgefühl« genügt – ich glaube, daß es keine Kultur ohne Schamgefühl gibt. Dennoch könnte ich mich nicht dazu entschließen, ein Verbot der Pornographie zu befürworten – weil das die Institution einer Zensur etablieren hülfe und weil gerade diese Institution so leicht mißbraucht werden kann. Wenn es das Bedürfnis nach Einblicken über die Grenzen der Scham hinaus gibt (was kaum zu bezweifeln ist), dann wird es durch Photos vermutlich doch harmloser befriedigt, als wenn die Neugier sich mit Gewalt einen anderen Weg suchen müßte. Sichergestellt werden muß, daß diejenigen, die der Pornographie bedürfen, und auch diejenigen, die davon eher Befreiung erwarten oder doch sich nicht daran stören, nicht andere vergewaltigen, deren ästhetische oder moralische Gefühle durch Obszönitäten verletzt werden. Das ist gar nicht so schwer. Pornographie könnte vom Gesetzgeber gesehen werden wie Exhibitionismus: nicht zuzulassen dort, wo sie auf Schockwirkungen aus ist, die ein Opfer suchen. Übrigens wird Pornographie erfahrungsgemäß gerade dort, wo sie verboten ist, besonders interessant. Denn »was verboten ist, das macht uns grade scharf«.

Bordelle

Bordelle fielen eigentlich auch in Deutschland unter den vor Alter ächzenden Kuppelei-Paragraphen, wären also verboten. Was Eros-Centers, Massage-Salons, Callgirl-Ringe und Stunden-Hotels nicht daran hindert, allerorten zu gedeihen. Man muß nur die richtige juristische Fiktion finden, die um den Paragraphen 180 des deutschen Strafgesetzbuches herumführt. Daher gibt es in Westdeutschland wie in den meisten Ländern der westlichen und der fernöstlichen Welt natürlich »Bordelle«; aber der Gegenstand der Argumentation muß präziser formuliert werden, etwa so: Was spricht dafür und was dagegen, daß Prostitution, die es in irgendeiner Form überall gegeben hat und noch gibt, vom Staat geduldet und in bestimmten Straßen oder in bestimmten Häusern konzentriert wird?

CONTRA

1. Prostitution ist eine Perversion der schönsten Begegnung. Soll der Staat sie, wenn er sie schon nicht beseitigen kann, auch noch fördern?
2. Prostitution bedeutet Ausbeutung, vor allem von Frauen durch Männer. Kann eine auf Gleichberechtigung bedachte Gesellschaft das dulden?
3. Wo Prostituierte sind, da sind, wie Erfahrung lehrt, auch Zuhälter; wo Zuhälter sind, da ist auch Kriminalität, die vom Rauschgifthandel über Erpressung und Körperverletzung bis zum Mord reichen kann.
4. Werden die Prostituierten ausgebeutet, so geht es doch ihren Freiern meistens auch nicht besser, sie werden betrogen: die ihnen verkaufte Dienstleistung hält selten, was sie versprochen hat, und wird trotzdem oft teurer als vorher ausgemacht.
5. Käufliche Liebe an sich und als solche ist im Prinzip wie in all ihren schmutzigen Details widerwärtig.

PRO

1. Gewiß vertragen sich die Aktionen Kaufen und Verkaufen schlecht mit hehren Vorstellungen von »Liebe«. Aber wer kauft nicht alles wen? Ganz außerhalb von Bordellen finden solche Transaktionen dauernd statt: kaschiert, verbrämt, weniger ehrlich. Das Wort »Prostitution« konnte dadurch zur Metapher werden.

2. Und wenn eine Frau nun auf diese Weise ihr Geld, ziemlich viel Geld, verdienen will: welcher Mann maßt sich ein Recht an, sie daran zu hindern?

3. Manche sind so unglücklich veranlagt, leben in so tristen Verhältnissen, daß sie das Liebeserlebnis – oder das, was sie dafür halten – nie haben könnten, wenn es nicht für Geld zu haben wäre. Da ist ein Angebot, da ist eine Nachfrage – warum soll man die nicht einander überlassen? Das nützt den Beteiligten und schadet niemandem.

4. Eine durchaus noch, oder wieder, akute Gefahr, die »häufig wechselnder Geschlechtsverkehr« (im Polizei-Jargon: HWG) mit sich bringt, sind Geschlechtskrankheiten. Das hätte als Contra-Argument angeführt werden können. Es wurde nicht angeführt, denn das Pro-Argument heißt: Gerade die staatlich geduldete und dadurch auch überwachbare Prostitution gibt die Möglichkeit zu Gesundheitskontrollen.

CONCLUSIO

Für mich spricht nichts so sehr gegen Bordelle wie das letzte Pro-Argument. Wenn das, was die Menschen seit ihren Anfängen bis heute am meisten bewegt, »so oder so«, zu einer Frage medizinischer Hygiene gemacht werden muß, dann ist es, um mit Strindberg zu sprechen, schade um die Menschen. Andererseits geht es ja offenbar nicht ohne legale oder stillschweigend geduldete oder vergeblich verfolgte Prostitution. Und in diesen sterilen Eros-Kliniken spielt sich alles vermutlich mit einem Mindestmaß an Risiko für die Frauen wie für die Freier ab. Man muß Bordelle wohl ziemlich widerwärtig finden und dennoch dafür plädieren dürfen.

Die Todesstrafe

»Wir wollen nicht von neuem der Todesstrafe den Prozeß machen«, heißt es in einer Verlautbarung des Pariser Instituts für Kriminologie. »Alles, was über ihre Nutzlosigkeit, Grausamkeit und Unwiderruflichkeit zu sagen war, ist bereits gesagt worden.« Und dennoch: wurden gerade in Frankreich wieder zwei Todesurteile vollstreckt (wegen Geiseltötung), hört man aus den USA von Bestrebungen, die Todesstrafe wieder einzuführen. Es gibt also offenbar Argumente für die Todesstrafe, die sehr viele Menschen überzeugen; vor allem jedesmal dann, wenn ein besonders abscheuliches Verbrechen die Öffentlichkeit erregt hat.

PRO

1. Unleugbar haben schwere Verbrechen wie Entführung und Geiseltötung, hat überhaupt Gewalttätigkeit während der letzten Jahre in der westlichen Welt ständig zugenommen. Dagegen muß mit aller Schärfe vorgegangen werden.
2. »Auge um Auge, Zahn um Zahn, Hand um Hand, Fuß um Fuß« (2. Mose 21, 24) – nach diesem mosaischen Gesetz über die Angemessenheit der Strafe gilt auch: ein Leben um ein Leben.
3. Das mosaische Gebot »Du sollst nicht töten« kann nicht auf die Todesstrafe bezogen werden; denn im Volke Israel galt ja beides: das Tötungsverbot ebenso wie die Todesstrafe.
4. Liberale mobilisieren so viel Scharfsinn und Mitleid, um die Mörder zu verstehen, daß ihr Fonds an Sympathie erschöpft zu sein scheint, wenn es um die Opfer geht.
5. In den autoritären Staaten, in denen es die Todesstrafe gab oder noch gibt, herrschen Gesetz und Ordnung zum allgemeinen Wohl stärker als in den liberalen Demokratien.
6. Lebenslängliche Haft ist unmenschlicher als ein schneller Tod.
7. Warum soll die Gesellschaft Schwerverbrecher auch noch ernähren?

8. Bei »guter Führung« werden die »Lebenslänglichen« nach zwanzig Jahren entlassen und morden dann weiter.
9. Wo sich die Gesellschaft vor Schwerverbrechern durch Gefängnismauern schützt, delegiert sie ihr Risiko an das Aufsichtspersonal des Strafvollzugs. Wer möchte Gefängniswärter sein, Tag für Tag von Mördern umgeben?

CONTRA

1. Die Gewalttätigkeit in der Welt wird dadurch nicht verringert, daß man sie vermehrt um die staatliche Gewalt der Henker.
2. Die Bibel ist nicht beim mosaischen Gesetz stehengeblieben. 2. Mose 21, 24 wird ausdrücklich widerrufen von Matthäus 5, 38 ff. Und schon im Dekalog steht: »Du sollst nicht töten.«
3. Es wäre traurig bestellt um den »Fortschritt des Menschengeschlechts«, wenn die Gesetze, die sich ein Nomadenstamm vor mehr als zweitausend Jahren gab, noch heute allgemeine Gültigkeit beanspruchen könnten.

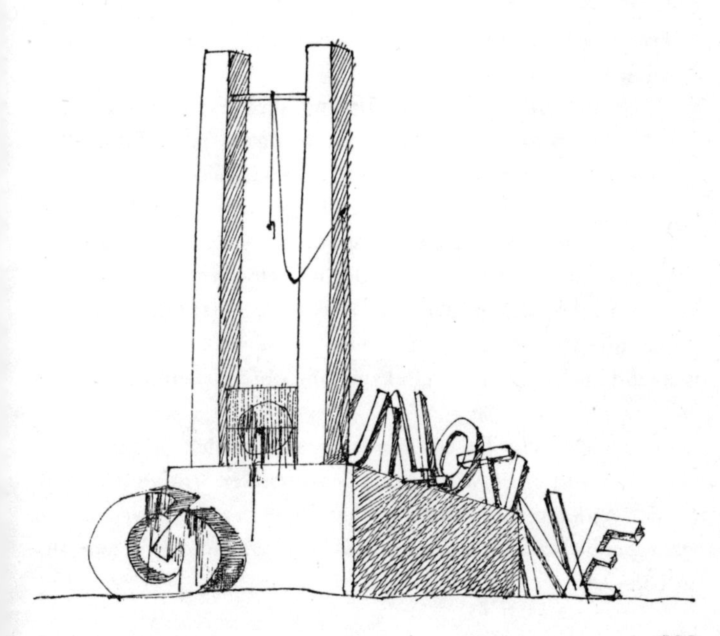

4. Wenn es zuweilen den Anschein hat, als ob Liberale an den Verbrechern mehr interessiert wären als an ihren Opfern, dann ist da eine Verzerrung der Optik im Spiel. Für die noch Lebenden kann man mehr tun als für die Toten.

5. Auf die wichtige Frage, ob die Todesstrafe abschreckend wirke, kann es keine wissenschaftlich exakte Antwort geben. Der »normale« Bürger ist überzeugt von dieser Abschreckungskraft – denn auf ihn selber würde sie abschreckend wirken. Der Kriminologe weiß aus empirischen Untersuchungen, daß die meisten Kriminellentypen vom Risiko der Todesstrafe so wenig abgeschreckt werden wie die meisten Autofahrer durch die Verkehrsunfallstatistiken. Trotz Todesstrafe waren die USA das Land mit den meisten Gewaltverbrechen innerhalb der zivilisierten Welt. Auch ohne Todesstrafe war die Sowjetunion ein Land mit bemerkenswert niedriger Kriminalitätsrate. Daran hat sich nichts geändert, als vor einiger Zeit die Todesstrafe in den USA abgeschafft, in der Sowjetunion wieder eingeführt wurde. Daran wird sich aller Voraussicht nach nichts ändern, wenn demnächst die Todesstrafe in den USA wieder eingeführt, in der Sowjetunion wieder abgeschafft wird.

6. Die »Humanität der Todesstrafe« ist nicht diskussionswürdig.

7. Auch wer die moderne Auffassung, die Gesellschaft erst mache Menschen zu Verbrechern, für in dieser Form falsch hält, wird schwerlich behaupten können, der Gesellschaft falle dabei gar keine Verantwortung zu. Im übrigen müßten sich Gefängnisse so einrichten lassen, daß die zur Sicherheit dort Verwahrten ihren bescheidenen Lebensunterhalt selber verdienen.

8. Das Risiko, daß potentielle Mörder frei herumlaufen, wird durch die Todesstrafe so gut wie gar nicht verringert (da ja niemand im Ernst dafür sein kann, alle potentiellen Mörder umzubringen).

9. Wer gegen die Todesstrafe ist, macht es sich in der Tat zu einfach, wenn er das Risiko den Beamten des Strafvollzugs aufbürdet. Es kann aber doch nur eine Frage der Organisation sein, lebensgefährliche Kontakte zwischen Tätern und Wärtern auszuschließen.

10. Es hätte kaum jemals Todesurteile gegeben, wenn diejenigen, die sie aussprechen, sie selber vollstrecken müßten. Der Henker war zu allen Zeiten und in allen Zivilisationen ein verachtetes Werkzeug.
11. Justizirrtümer gibt es ja. Wenn einer erst mal tot ist, sind sie nicht mehr revidierbar (dieses Argument war das stärkste, als in England die Todesstrafe abgeschafft wurde).

CONCLUSIO

Ich bin froh, in einem Lande zu leben, wo Liberale den günstigen Augenblick der Stunde null nutzen konnten, die Abschaffung der Todesstrafe ins Grundgesetz zu schreiben. Ich würde gern noch weitergehen, als die meisten meiner Landsleute mitzugehen bereit sind. Mancher Schußwaffengebrauch der Polizei erscheint mir als gesetzeswidrige Wiedereinführung der Todesstrafe. Ich sehe keinen Grund, demjenigen, der (ohne ein gemeingefährlicher Killer zu sein) über eine Gefängnismauer den Weg in die Freiheit sucht und »auf der Flucht« erschossen wird (alte Soldaten wissen, was das alles heißen kann), jene Sympathien zu entziehen, die mich auch mit dem verbinden, den man bei dem Versuch totschießt, ohne Erlaubnis eine Staatsgrenze zu überwinden.

Kirchenaustritt

Als diese »Argumente« in der »Zeit« erschienen, gab es Fürspruch und Widerspruch »massenhaft«. Mein Reservoir an Argumenten, die ja nicht meine Argumente sind, sondern nur von mir gesammelte Argumente, hat sich dadurch erheblich vergrößert. Es konnte deswegen in diesem Buch nichts ganz so stehenbleiben, wie es einmal in der Zeitung gestanden hat. Ein paar Themen habe ich »gekippt«: das war wohl nichts, und es war auch nicht zu retten. Alle anderen habe ich durch Einbeziehung von Für- und Widerspruch erweitert. Am schlimmsten ist es dem Autor mit den Argumenten für und gegen Austritt aus der Kirche ergangen. Eine Welle der Aufregung lief durch die Post, 113 Briefe waren zu beantworten, unter denen der von Josef Jalics aus Ravensburg recht typisch war: »Ich bin ein begeisterter Leser der Argumente pro und contra. Diesmal hat Herr Leonhardt enttäuscht. Die Argumente bleiben an der Oberfläche ... Vielleicht sollte Herr Leonhardt in manchem das Feld Kompetenteren überlassen.« Also »kippen«? Ich hatte jene Vernunft, die sich dafür aussprach, im Verdacht, sie könnte auch nur Bequemlichkeit sein. Die Argumente von 113 Lesern einer anspruchsvollen Zeitung für oder gegen den Austritt aus der Kirche sollten nicht in einem Aktenordner verkümmern. Ich notiere sie hier, eins nach dem anderen, freilich ohne die vielen Überschneidungen und Wiederholungen. Bliebe dies noch vorauszuschicken: Die Frage nach dem Kirchenaustritt stellt sich natürlich nur den sogenannten Christen, die weder leiden an der Tatsache, daß sie durch eine von ihnen selber nicht zu verantwortende Taufe Mitglieder der Kirche geworden sind, noch dieser Mitgliedschaft sehr viel haben abgewinnen können; kurz, Kirchensteuerzahlern wider Willen, aber ohne Widerwillen. Das allerdings gilt für mehr als die Hälfte aller Deutschen im Westen, wo Kirchenzugehörigkeit nicht mit unmittelbaren politischen Konsequenzen verknüpft ist.

PRO

1. Durch Austritt aus der Kirche spart der Steuerzahler Geld; einige nur fünfzig Mark im Jahr, andere fünfhundert oder mehr, je nach Einkommen; immerhin.

2. Wer durch die Kirchensteuer, die ja auch caritativen Zwekken dient, ein gutes Werk zu tun oder auch nur sein Gewissen zu erleichtern meint, versäumt bessere Möglichkeiten, sein Geld für ganz bestimmte und seinem Wollen entsprechende caritative Zwecke – von der Behandlung querschnittgelähmter Kinder bis zur Betreuung politischer Gefangener – zur Verfügung zu stellen.

3. Es ist nicht einzusehen, warum die Kirche von den Kirchensteuern immer mehr Kirchen bauen sollte, von denen viele a) nicht besonders schön und b) leer sind. Warum soll ausgerechnet die sakrale Baukunst mit Steuermitteln vor dem Aussterben bewahrt werden? Warum nicht auch die Kunst des Elfenbeinschnitzens, Alphörnerbaus und Silhouettenschneidens?

4. Schöne Kirchen, die wir alle zuweilen gern besichtigen, besonders, wenn wir in Italien sind, können vom Staat, Abteilung Denkmalsschutz, unterhalten werden.

5. Wer Kirchensteuern zahlt, gibt der Kirche die Möglichkeit, ihn statistisch als einen der Ihren zu verbuchen. Sie kann dann ihren Anspruch auf Mitbestimmung in der Gesellschaft auf die vielen als engagierte Christen ausgegebenen Kirchensteuerzahler gründen. Ihre Macht scheint größer, als sie ist.

6. Es ist ehrlicher, anständiger, durch Austritt aus der Kirche offen darzutun, daß man die Macht der Kirche für ein im Grunde unnützes, wo nicht sogar gefährliches Relikt aus einem vorwissenschaftlichen Zeitalter und die Verbindung zwischen Staat und Kirche, »Thron und Altar«, für einen nicht einmal mehr liebenswerten Anachronismus hält.

7. Keiner sollte ein Mitläufer sein.

8. Wer garantiert dem Kirchensteuer-Christen, daß er nicht durch seine auf geduldigem Papier verzeichnete Mitgliedschaft in der Kirche auch eine politische Partei fördert, die er gar nicht fördern will?

9. Wer garantiert dem Kirchensteuer-Christen, daß seine von ihm für caritative und religiöse Zwecke gedachten Mitgliedsbeiträge nicht in einer Weise verwendet werden, die er grundsätzlich mißbilligt? Dazu könnte gehören die Volksverdummung durch Traktätchen-Literatur oder der Kauf von Grundstücken oder der Kauf von Waffen, für welchen »höheren« Zweck auch immer.

10. Jeder Kirchensteuerzahler trägt dazu bei, daß die Kirche eine finanzielle Großmacht ist.

CONTRA

1. Warum sollte man sich ausgerechnet um den Teil der Steuern drücken, bei dem man das Gefühl hat, er diene irgendwie guten Zwecken? »Irgendwie«? – ja, denn »das Gute« entzieht sich logischer Beweisführung.

2. Private, persönliche, gezielte Wohltätigkeit wäre sehr schön, wenn sie nicht so oft vergessen würde. Die Kirche hat ihren Apparat, der weiß, wie er Geld eintreibt; der aber auch weiß, wo es am dringendsten gebraucht wird.

3. Wer will sich Kirchen aus dem Bild unserer Städte und Landschaften ganz wegdenken? Wir haben sie als Erbe übernommen. Und welches Erbe wollen wir weitergeben?

4. Kirchensteuern verweigern kann guten Gewissens nur, wer ganz sicher ist, daß er die Dienste der Kirche nie in Anspruch nehmen will, sei es zur Taufe, sei es zur Hochzeit, sei es zum Begräbnis; sei es seiner selbst oder eines Nächsten.
5. Kirchenaustritt hat gesellschaftliche Konsequenzen, die bedacht sein wollen: nicht nur für den Austretenden, sondern auch für seine Familie.
6. Die Kirchen haben es schwer gemacht, aus ihnen auszutreten. Man muß da persönlich bei einer Behörde vorsprechen und zehn Mark bezahlen und eine Bedenkzeit über sich ergehen lassen. Es »gehört sich« noch immer eigentlich nicht, aus der Kirche auszutreten.
7. Es könnte jemand meinen, durch seine Mitgliedschaft in einer Kirche, und sei sie auch nur formal, dazu beizutragen, daß diese Welt nicht ausschließlich an Input-Output gemessen wird, daß geistige und geistliche Werte eine Chance haben zu überleben, obwohl sie doch so ganz unzeitgemäß scheinen. Es könnte jemand nach langer Lebenserfahrung die Überzeugung gewonnen haben, daß die Frommen die schlechtesten Menschen nicht sind. Warum sollte er dann aus der Kirche austreten?

CONCLUSIO

Eigentlich hätte ich ganz gern stärkere Argumente dagegen gefunden, aus der Kirche auszutreten. Sollte Johanna Hagedorn aus Düsseldorf recht haben, die mir schrieb: »Bei Ihrem Contra, Herr Leonhardt, hatte ich das Gefühl, daß der Klerus auch Ihnen die Angst vor der Hölle mit Erfolg eingeimpft hat.«? Aber »der Klerus« sah das nun wieder ganz anders; und wo nicht der Klerus, da doch Pastor Heutger (Dr. Dr.), der, »Leonhardts Vorstellungen« zum Teil erfindend, zum Teil mißverstehend, an die »Zeit« schrieb: »Der so schneidig hingeschmetterte Artikel von Rudolf Walter Leonhardt enthält trotz seiner Kürze mehrere Unrichtigkeiten. 1. Entgegen Leonhardts Vorstellungen nimmt jedes (nominelle) Kirchenmitglied die Dienste der Kirche in Anspruch... 2. Entgegen Leonhardts Vorstellungen erlaubt sich die Kirche, Ausgetretenen die kirchliche Mitwirkung beim Begräbnis zu versagen ... 3. Kirche und Staat haben bei uns nichts miteinander zu tun ... 4. Entgegen Leonhardts Vorstellungen kommt kein einziger Pfennig der Kirchensteuer irgendeiner Partei zugute.« – »(Es) würde mich interessieren, ob Sie sich auf Grund der sicherlich in einer großen Zahl eingehenden Zuschriften zu einer Revision der ›Conclusio‹ bereit finden könnten«, fragt der Rechtsanwalt Dr. Rüdiger Michaelis aus Wiesbaden. Und ich muß gestehen, der Schmetter-Pastor mit dem doppelten Doktortitel, der nicht allein steht, sondern für andere spricht, hätte mich dahin bringen können. Revidiert habe ich ja die Conclusio auch. Aber ich bleibe ein steuerzahlendes Mitglied der Kirche, nicht weil ich vor der Hölle Angst hätte, die kenne ich schon, sondern weil ich den Pastor unserer Gemeinde, weil ich junge Theologen in Release-Zentren und Obdachlosen-Asylen, weil ich christliche Sozialfürsorger und Krankenschwestern erlebt habe, denen ich eine rational schwer begründbare Bewunderung nicht versagen kann; weil ich möchte, daß denen »die ökonomische Basis« nicht entzogen wird. Ohne die Möglichkeiten des christlichen Glaubens und seine Auswirkungen in unserem Alltag würde unsere Welt ärmer. Glaube ich.

Gott

Weder will ich mir theologische Kompetenzen anmaßen, noch will ich mit Heiligem profan umgehen. Hier wie bei den anderen Themen geht es für den Autor lediglich darum, wiederzugeben, was er gehört oder (in diesem Falle so gut wie ausschließlich) gelesen hat. Die originellsten Gedanken zur Frage, ob Gott nachweisbar existiert, sind auf griechisch (Pythagoras, Aristoteles), auf lateinisch (Thomas von Aquin, Anselm von Canterbury), auf französisch (Leibniz, Descartes) und in schwer verständlichem Deutsch (Kant) überliefert. Ich versuche, die sechs »klassischen Gottesbeweise« und ihre Widerlegungen in meiner Sprache wiederzugeben – wodurch sie an Genauigkeit wohl nur für Scholastiker und Kantianer einbüßen.

PRO

1. Die Bewegungen im Universum erklären einander. Aber wodurch überhaupt etwas in Bewegung kam, bleibt unerklärt. Noch Newton nahm an, Gottes Hand habe den Anstoß gegeben. (»Kosmologischer Beweis«)

2. Der ganze Aufwand des Universums und der Erde mitten darin kann doch nicht völlig sinnlos sein; er ist logisch leichter erklärbar durch das Walten eines ordnenden Prinzips (Gott) als durch blinden Zufall. (»Teleologischer Beweis«)
3. Das höchste Wesen müssen wir uns vollkommen denken, mit allen Eigenschaften; wäre es nicht existent, dann fehlte ihm eine wichtige Eigenschaft. (»Ontologischer Beweis«)
4. Alle Menschen streben nach »Vernunft, Glück, Liebe, Gott« (»nenn es, wie du willst«); sie können aber nur nach etwas streben, was außerhalb ihrer selbst liegt, was nicht zu ihnen gehört. (»Eudämonologischer Beweis«)
5. Fast alle Völker zu allen Zeiten haben in irgendeiner Form an einen Gott (oder mehrere Götter) geglaubt – was vermag der Intellekt des einzelnen gegen diese ungeheure Summe? (»Ethnologischer Beweis«)
6. Wenn es ein Gesetz der Moral gibt, dann muß es Gerechtigkeit geben; da es Gerechtigkeit in dieser Welt nicht gibt, muß es eine andere Welt geben und einen Gott, der dafür sorgt, daß die Guten belohnt und die Bösen bestraft werden. (»Moralischer Beweis«)

CONTRA

1. Kant glaubte, den kosmologischen Beweis zusammen mit dem ontologischen (siehe unter 3) widerlegt zu haben. Später zog man vor zu sagen, daß die Frage nach dem Anfang wie die nach dem Ende aller Dinge keine wissenschaftliche Frage sei. Auf jeden Fall wäre der Weg weit von einem unerklärbaren Energie-Ausbruch zu einem Gottwesen.
2. Der teleologische Beweis hat sich als vielfach variierbar und dadurch als der haltbarste erwiesen. »Das Argument hat keinen formalen logischen Defekt« (Bertrand Russell). Es spricht freilich eher für eine den Menschen überlegene ordnende Kraft als für einen allmächtigen Gott – und mit dieser Begründung (ein Architekt, kein Schöpfer) hat es Kant zurückgewiesen.
3. Der ontologische Beweis ist am heftigsten und nachhaltigsten zurückgewiesen worden. Schon von den Skeptikern, die als erste

die Frage nach der Rechtfertigung Gottes angesichts des Bösen (Theodizee) stellten und sagten: Entweder ist Gott ein Zyniker, der das Böse zuläßt, oder er hat eben nicht jene Vollkommenheit der Eigenschaften, die nötig wäre, um dem Bösen zu wehren. Interessant ist der Einwand des Thomas von Aquin: der Beweis gelte doch nur für die Menschen, die ohnehin an die Notwendigkeit eines höchsten vollkommenen Wesens glauben – aber die brauchten schließlich keine Gottesbeweise. Rein logisch argumentierte Kant: »Existent« ist keine Eigenschaft; irgendeine gedachte Figur (etwa in einem Roman) kann alle erdenkbaren Eigenschaften haben und braucht dennoch nicht wirklich zu existieren.

4. Alles Streben des Menschen kann auch als Instinkt erklärt werden, als sublimierter (manchmal auch gar nicht so sehr sublimierter) Freß- und Zeugungsdrang.

5. Fast alle Völker zu allen Zeiten haben aber auch an Hirngespinste, heilige Kühe, Hexen und viele andere Dinge geglaubt, die den Erkenntnissen der Wissenschaft nicht standgehalten haben.

6. Der moralische Beweis nach dem Muster »weil nicht sein kann, was nicht sein darf« hätte etwas beinahe Rührendes, wenn er nicht von Kant stammte, der schließlich nicht nur ein rigoroser Ethiker, sondern auch ein sehr scharfer Denker war. Die Theodizee wird auf den Kopf gestellt. Das Böse in der Welt weckt nicht nur keine Zweifel an der Existenz Gottes, sondern im Gegenteil, es fordert einen Gott. Und für Kant gab es eben nichts so zweifellos Existentes wie kategorische Imperative: Gott soll, Gott muß existieren. Jede relativierte Moral ist gegen seinen Beweis gerichtet.

CONCLUSIO

Logik führt zu zwei Schlußfolgerungen, von denen die erste keinen Anspruch auf Originalität erhebt: Die Existenz Gottes ist unbeweisbar. Für den Zeitgeist etwas weniger selbstverständlich ist die zweite: Ebenso unbeweisbar ist die Nicht-Existenz Gottes. Schulphilosophen halten diese Schlußfolgerungen für tautologisch oder sogar unsinnig. Jedenfalls sage die zweite das gleiche aus wie die erste. Vermutlich jedoch seien beide unsinnig, da sie die Form von »Un-Behauptungen« hätten: Behauptungen nämlich, bei denen Subjekt (Gott) und Prädikat (existiert) so undefiniert seien wie in dem schönen unsinnigen Satz »das Einhorn gnaselt rückwärts«. Ich meinerseits halte die derzeit vorherrschende Schulphilosophie, die man »mathematisierten Logismus« nennen könnte, für oft tautologisch und manchmal unsinnig, da sie um der schönen (mathematischen) Form willen auf Realitätsbezug verzichten zu können glaubt und daher auch (anders als einst Scholastik, Aufklärung, Idealismus und Marxismus) außerhalb der Hohen Schulen keine Rolle spielt. In einem anderen Zusammenhang wird ausführlicher davon zu reden sein, daß eine Behauptung ausreichend auch dadurch definiert sein kann, daß sie von jedem, an den sie sich richtet, ungefähr verstanden wird – und daß dieses »Ungefähr« zunächst einmal in Kauf nehmen muß, wer in das reine Denken die nie so ganz reine Wirklichkeit einbeziehen will.

Die Vernunft

Die hier seit einiger Zeit praktizierte Art der Betrachtung verschiedener kontroverser Fragen führt zu (gelegentlich als Beschimpfung oder Hohn sich tarnenden) heftigen Widersprüchen immer dann, wenn Leser sich persönlich sehr unmittelbar betroffen fühlen. Das war der Fall bei »Schwangerschaftsabbruch« und »Kirchenaustritt«. Das ehrlichste Argument des Widerspruchs lautet: Vernunftgründe reichen bei diesen Fragen nicht aus. Was spricht für, was gegen solche Vernunftgründe?

CONTRA

1. Mit unserer Vernunft ist es so weit nicht her. Was vermag sie gegen die Liebe, gegen die Leidenschaft, gegen den Schmerz, gegen den Tod?
2. Auch die Profis der Vernunft, die Philosophen, haben sich in dreitausendjähriger Arbeit nicht darüber verständigen können, was »vernünftig« ist.
3. Emotionen sind oft genug stärker als Vernunft.
4. Ökonomische Interessen sind so stark, daß die Lehre, wonach diese ökonomischen Interessen auch die Vernunft am Gängelbande führen, immer neue Anhänger gerade unter den Intelligentesten gewinnt.
5. Wie immer diese Welt geordnet sein mag: Vielleicht ist sie sogar die beste aller möglichen Welten – aber vernünftig ist sie (trotz jenem viel zitierten und interpretierten Hegel-Wort, wonach alles, was ist, auch vernünftig sei) nicht.

PRO

1. Jeder Denkende nimmt Vernunft für sich in Anspruch. In ihrer Summe behaupten die Denkenden, die Menschen also, diese Vernunft sei es, die sie von den Tieren unterscheide.
2. Wo die Vernunft klein anfängt und bescheiden bleibt, nicht

gleich (wie unter Deutschen so gern) ausartet in »höhere Vernunft« und ihren Realitätsbezug verliert, da leistet sie doch einiges. Was gerade geschieht, mag wider alle Vernunft sein. Aber: »Geschichte ist auf die Dauer die Wahrscheinlichkeit des Vernünftigen« (Stresemann).

3. Wir wissen im allgemeinen sehr wohl, wenn wir unseren Leidenschaften nachgeben, wenn wir unsere Interessen durchboxen, daß wir gegen eine allgemeinere Vernunft handeln. Die gibt es also offenbar.

4. Jeder akzeptiert, daß es Irrtümer gibt. Gäbe es keine Vernunft, dann wäre »Irrtum« ein ganz sinnloser Begriff. Auch wer überall nur Unvernunft zu entdecken meint, setzt damit eine Norm, die Vernunft heißt.

5. Sofern es Vernunft gibt, bietet sie und allein sie sich an als größter gemeinsamer Hauptnenner der Mehrheit, die es, wenn sie überleben will, wird lernen müssen, miteinander auszukommen. Die Interessen werden immer divergieren – wie jeder Aufenthalt in einem jener konsequent sozialistischen Länder lehrt, wo divergierende Interessen um der Staatsräson willen geleugnet werden. Emotionen werden sich (hoffentlich) nicht abschaffen lassen. Aber auch leidenschaftliche Verfechter partikularistischer Interessen können dazu gebracht werden, sich der Vernunft zu beugen – wenn etwa die unvernünftige Alternative den Atomtod bedeutet.

6. Nichts hat diese Welt so sehr verändert, nichts bestimmt ihren Charakter heute so sehr wie die moderne Wissenschaft. Ohne Vernunft könnte es diese Wissenschaft gar nicht geben.

CONCLUSIO

Das Ganze ist auch ein Problem der Sprache. Mit so erwünschten Eigenschaften wie »schön« und »gut« hat die Vernunft nichts zu tun. Als Weg zum Glück wird die Vernunft überstrapaziert und dann schnell als untauglich abgeschafft. Ich glaube an die Vernunft als an die Fähigkeit des Menschen, in konkreten Fällen zu erkennen, aus welchen Gründen etwas geschieht und welche Folgen ein konkretes Ereignis hat.

Ich glaube daher auch, daß es Argumente für und gegen die Lösung aller derjenigen Fragen gibt, bei denen vernünftige Erwägungen zusammentreffen mit Emotionen und Interessen, die also zwischen den Extremen liegen: Für 2 + 2 gibt es keine emotionale Antwort, für »Wer ist die Schönste im ganzen Land?« keine vernünftige.

Das ist gewiß kein alles erfüllender, glückselig machender Glaube – aber es ist die einzige Basis, auf der alle Menschen gleichberechtigt miteinander verkehren und, wenn sie sehr guten Willens sind, einander verstehen können.

Spaß, Sport und Spiele

Olympische Spiele

Pro und contra ganz kurz und ganz hart gegeneinanderzusetzen, das ist der Plan, nach dem diese »Argumente« gebaut sind. Der damit gewollte oder in Kauf genommene Verzicht auf Zwischentöne, ausführlichere Begründungen und logische Verknüpfungen gibt dem Unternehmen etwas Spielerisches. Es liegt also nahe zu vermuten, daß Sport, Spaß und Spiele als Themen geeigneter sind als Fragen der menschlichen oder gar der göttlichen Existenz. An Kontroversen fehlt es ja auch da nicht, denn manche von uns betreiben ihren Spaß sehr ernsthaft – wie wir es alle vier Jahre wieder erleben können, wenn Olympische Spiele ausgerichtet werden.

CONTRA

1. Das für die Ausrichtung der Olympischen Spiele aufgewandte Geld würde besser für Krankenhäuser oder Schulen verwendet.
2. Die Herrschenden schieben den Sport in den Vordergrund öffentlichen Interesses nur, um von drängenderen, aber schwerer zu lösenden oder von »systemverändernden« Fragen (sei es der demokratischen Mitbestimmung, sei es der Ungerechtigkeit gegenüber Entwicklungsländern) abzulenken. Kurz: Sport, das neue Opium des Volkes.
3. Sport ist gesund; Leistungssport ist gesundheitsschädlich.
4. Sport fördert die Gemeinschaft; Leistungssport fördert das Konkurrenzdenken.
5. Wenn das schlimme Leistungsdenken schon aus der Arbeitswelt nicht verbannt werden kann – warum es dann noch in die Freizeitwelt einführen?
6. Das Amateurstatut, an dem das IOC so hartnäckig festhält, ist impraktikabel, anachronistisch, lächerlich.
7. Sport als menschliche Betätigungsmöglichkeit bleibt im Animalischen; die höheren, die geistigen Möglichkeiten des Menschen verkümmern dabei. Vor »Leibesertüchtigung« nach dem

Motto *»mens sana in corpore sano«* (gesunder Geist in gesundem Körper) kann einem nur grausen.
8. Sportliche Wettkämpfe geben vor, dem Frieden der Welt zu dienen; in Wirklichkeit fördern sie Aggressionen.

Damit nicht alles noch mehr durcheinandergeht als ohnehin schon in der öffentlichen Diskussion, sei diesmal streng kontrapunktisch Argument gegen Argument gesetzt.

PRO

1. Der alte Trick, Erwünschtes und Unerwünschtes gegeneinander aufzurechnen wie die Aktiva und Passiva einer Bilanz, Kanonen gegen Butter, Sozialwohnungen gegen Starfighter, gewinnt nicht durch Variation. Wahr ist vielmehr: Der öffentliche Finanzaufwand für die Olympischen Spiele ist nie höher und oft niedriger als der bleibende Wert des dadurch Geschaffenen: Sportstätten, Wohnheime, Straßen und Bahnen. Kluge Planer beziehen die späteren Verwendungsmöglichkeiten in ihre Rechnungen ein. Die Bürgermeister, die sich danach drängen, Olym-

pische Spiele auszurichten, sind keine Narren, sondern nüchtern kalkulierende Politiker.

2. Wenn Marxisten-Leninisten-Kommunisten-Sozialisten sagen, Sport sei doch nichts anderes als ein ungeheures Täuschungs- und Ablenkungsmanöver der Herrschenden, dann wird man fragen dürfen, warum dieser Sport nirgendwo sonst in der Welt so sehr gefördert wird wie in den beiden führenden sozialistischen Staaten, UdSSR und DDR.

3. Die Unterscheidung von »Freizeitsport«, auch »Breitensport«, auf der einen Seite und »Leistungssport« auf der anderen ist ein Kunstprodukt. Wo immer Leistungen gemessen werden, ist der Drang, besser zu sein als andere, aus der Geschichte der Entwicklung der Menschheit gar nicht wegzudenken.

4. Wie eng eine Gemeinschaft sich zusammenschließt, hängt immer von der Konkurrenzsituation ab. Dabei eine Grenze zwischen »Freizeitsport« und »Leistungssport« zu ziehen, ist nicht möglich. Opa im Trimm-dich-Lauf pflegt *team spirit* viel weniger als ein Leistungsfußballer unter elf.

5. Hier scheiden sich die Geister. Pro-Argumentierende gehen davon aus, daß es Menschen Spaß macht (in gehobener Sprache: daß es ihrer Selbstverwirklichung dient), etwas zu leisten, solange diese Leistung deutlich an ihre Person gebunden bleibt. Wenn dem so wäre, dann gälte das natürlich viel mehr noch für die freiwillig gewählte Sportdisziplin als für den unter Zwang des Broterwerbs ergriffenen Beruf.

6. Warum sollte jemand, der die Macht dazu hat, nicht wenigstens versuchen, die allenthalben beklagten Auswüchse des Leistungssports zu bekämpfen? Mag sein, daß es ein Kampf gegen Windmühlen ist. Aber wer Don Quijote nur lächerlich sieht, sieht ihn falsch.

7. Bei den meisten, die den Olympischen Spielen mit Ignoranz, Indolenz oder Ressentiments begegnen, läßt sich wohl feststellen, daß in Wirklichkeit gar nicht die Olympischen Spiele gemeint sind, sondern der Sport schlechthin gemeint ist. Die Verdrehung eines lateinischen Zitats liefert dafür eine schlechte Begründung. Bei Juvenal heißt es: *»Orandum est ut sit mens sana in corpore sano.«* Und das bedeutet nun genau das Gegenteil von dem, was

teutsche Leibesertüchtiger da hineingelesen haben; es bedeutet nicht, daß ein gesunder Körper gewissermaßen die Voraussetzung schaffe für einen gesunden Geist, sondern vielmehr: Man muß darum beten, daß in einem gesunden Körper auch ein gesunder Geist sei; mit anderen Worten: daß der Sport uns nicht nur Muskelprotze beschert. Schade, daß gerade diejenigen, die sich so sehr und so aufrichtig um »Kontakt zu den Arbeitern« bemühen, den Sport als eine Brücke allzu gering schätzen.

8. So oft und so guten Willens die »Aggressionen« im Sport oder durch den Sport auch beklagt werden: wir wünschten, mit Bertrand Russell, Aggressionen tobten sich nie und nirgendwo schlimmer aus.

CONCLUSIO

Nichts ist so sehr mein Argument wie dieses achte Pro-Argument. Keine Gesellschaft kann auf Leistung verzichten. Jede Leistung wird angefochten durch eine konkurrierende Leistung. In die Konkurrenz fließen Aggressionstriebe mit ein. Aber: Im Sport gibt es für jedermann verständliche Regeln, mit deren Hilfe Aggressionstriebe kanalisiert werden können. Ich kenne kein anderes Gebiet, wo konkurrierende Aggressionstriebe so wenig Leid (es gibt kaum Tote) und so viel Glück (der Siegreichen wie der Zuschauer und der sich Identifizierenden) zur Folge haben wie im Sport – auch im Hochleistungssport, der sich am Ende doch nicht abtrennen läßt von dem ganz allgemeinen Sport. Bei der Ausrichtung von Olympischen Spielen sind immer wieder auch Fehler gemacht worden. In München kam es sogar zu Terror und Mord. Aber der Grundgedanke des friedlichen Wettbewerbs bleibt richtig und wird von Zeitkrankheiten nicht infiziert. Er hat daher auch schon viele Zeiten überlebt.

Fußball

Immer wenn eine Weltmeisterschaft oder dergleichen bevorsteht, dringt der Fußball als Gesprächsthema auch wieder in gehobene Kreise. Die Frage, um die es aus diesem Anlaß geht, heißt: Hat zwischen der Gewalt von Nordirland bis Vietnam und der höheren Geistigkeit der Dritten Programme Fußball für die, die selber nicht spielen, einen legitimen Platz?

CONTRA

1. Wenn der Kopf vor allem als Stoßinstrument in Erscheinung tritt, sind die Tage der Holzköpfe gekommen.
2. Was als sportlicher Wettkampf auf grünem Rasen sich tarnt, ist in Wirklichkeit ein großes Geschäft und sonst nichts.
3. Das Leben ist kurz, und für Fußball ist uns unsere Zeit zu schade.
4. Wenn Sport schon sein muß, dann doch lieber Hockey oder Golf.
5. Dem Frieden der Welt wird wenig gedient durch Haß, Neid und Rowdytum, wie sie bei Fußballspielen sich austoben.
6. Wenn die Deutschen die Größten sein wollen, dann ist ihnen sogar Fußball recht.
7. Die Welt wird nicht verändert durch Fußball.

PRO

1. Fußball kann verstanden werden als eine Mischung aus Schach, Athletik und Ballett. Das Spiel hat für jeden, der es versteht, kalkulatorische, kämpferische und künstlerische Aspekte.
2. Gemessen am Honorar eines Schlagersängers wird der Fußball-Entertainer eher ärmlich bezahlt: und warum soll denn eine schwache Stimme besser verdienen als stramme Waden?
3. Gewiß gehört der Fußball auch zum Showbusineß – aber welche Show!

4. Die Beliebtheit des Fußballspiels basiert auf (anders als beim Schach) für jedermann verständlichen Regeln, auf einem (anders als beim Hockey) für jedermann sichtbaren Ball, auf (anders als beim Wasserball) für jedermann erkennbaren *fouls*, auf (anders als beim Golf) *team spirit*, auf (anders als beim Eishockey) Bewegungsabläufen, die im einzelnen jeder nachvollziehen kann.
5. Fußball ist das ideale Kampfspiel. Ohne Härte geht es nicht, aber Schwerverletzte sind selten.
6. Nationalismus und Aggressionen, auch aggressiver Nationalismus (von Lokalpatriotismus nicht zu reden), sie toben sich offenbar gern aus bei Fußball-Länderspielen oder -Meisterschaften – aber da die Aggressionen nun einmal zum menschlichen Leben gehören, und das doch gewiß nicht durch den Fußball: wäre es besser, sie zu verdrängen?
7. So deutlich wie nirgendwo sonst demonstriert sich durch zählbare Ergebnisse im Fußball, daß mit Individualismus oder Kollektivismus allein das Höchste (und das ist im Kampfspiel nun einmal der Sieg) nicht zu erreichen ist, sondern nur durch eine geglückte Synthese von Einzelleistung und *team spirit*.

CONCLUSIO

Ich möchte der Welt viele Konfliktsituationen wünschen, die sich im Spiel lösen lassen; und das Fußballspiel ist offensichtlich so geeignet wie sonst kein anderes Spiel, Konfliktsituationen, mit denen jedermann sich identifizieren kann, für eine Weile zu lösen. Die Summe an Lust, die Fußball erzeugt, überwiegt offensichtlich die ihm zuzuschreibende Summe an Unlust. Und noch eins: Gelehrte Sozialpsychologen haben nachgewiesen, daß Fremdheit und Feindschaft abgebaut werden zwischen Leuten, die sich etwas zu erzählen haben. Nächst Kriegen und anderen Katastrophen bieten Fußballspiele den größten Welterzählstoff.

Reiten

Reiten sollte hier nicht etwa als eine Möglichkeit verstanden werden, von einem Ort zum andern zu gelangen. Daß man, wie einst die Herausgeberin der »Zeit«, die Distanz zwischen Ostpreußen und Hamburg auch auf dem Rücken eines Pferdes bewältigen kann, scheint heute schlechterdings unvorstellbar. Stellen wir uns die Ausgangsfrage eher so: Ihr Sohn oder Ihre Tochter fragt Sie, oder Sie selber fragen sich – »Darf ich (sollte ich) reiten?«

CONTRA

1. Reiten ist ein gewollter Anachronismus, der nur noch *snob value* hat.
2. Reitschüler fallen immer irgendwann einmal aufs Steißbein oder anderswohin und können dadurch beinahe ebenso sehr verstümmelt werden wie Autofahrer durch einen Unfall.
3. Reiten auf Leihpferden ist ein so tristes Surrogat wie Autofahren in Leihwagen. Und ein eigenes Pferd zu halten, ist sehr, sehr teuer.

4. Reiten ist heute zu einer total unnützen Art der Fortbewegung geworden: Sie führt mit Sicherheit nirgendwohin, sondern immer nur zurück an den Ausgangspunkt (Stall).
5. Reiter kriegen O-Beine.
6. Die höchste Lust des Reiters besteht offenbar darin, die geliebten Pferde a) Zirkuskunststückchen machen zu lassen (»Dressur«), b) zum Springen zu bringen (»Parcours«), c) zu Tode zu hetzen (»Flachrennen«) – was keiner will, am wenigsten das Pferd.

PRO

1. Das Verhältnis einer Symbiose, des Aufeinander-angewiesen-Seins zwischen Mensch und Tier wird nirgendwo inniger erlebt als zwischen Reiter und Pferd.
2. Pferde sind die liebenswertesten Tiere, oder – wie der Dichter singt: Das höchste Glück der Erde liegt auf dem Rücken der Pferde.
3. Im Fernsehen lieben alle die Reiter (Cowboys und Sheriffs, Derby und Grand National). Wer konsequent sein will, guckt nicht nur, sondern tut.
4. Reiten ist eine noble, die Weltenergievorräte nicht mindernde und die Luft nicht verpestende Art der Vorwärtsbewegung.
5. Unter Reitern ist man in guter Gesellschaft.
6. Reiter(innen) erleben Lustgefühle, über die sich schwer rational argumentieren läßt.
7. Wer es lernt, sich für sein Pferd verantwortlich zu fühlen, lernt viel. Der passionierte Reiter steht um seines Pferdes willen zum Beispiel sogar um fünf Uhr, oder noch früher, auf. Wo sonst gibt es so etwas denn noch?
8. Wer auf dem Lande wohnt, braucht sich um die Hälfte der Contra-Argumente (3, 4 und 6) nicht zu kümmern. Ein Pferd kostet ihn eher weniger als ein Auto. Er kann noch richtige Tagesausflüge zu Pferde unternehmen, und das Pferd bewegt sich dabei in der ihm natürlichen Gangart.

CONCLUSIO

Liebenswerter wäre die Welt gewiß, wenn der Bundeskanzler wie der Generaldirektor aufs hohe Roß hinauf- und dann auch wieder von demselben herunterstiegen. Aber das ist wohl eine Illusion. Beim Reiten geht es heute immer, immer rundherum. Es kommt schlechterdings nichts dabei heraus. Was es mit dem Dreschen von Bällen, dem Durchqueren eines Aquariums oder dem auf Brettern einen Schneeberg Hinunterglitschen gemeinsam hat. Aber es ist (so ein Pferd will fressen und gepflegt werden) viel teurer als Tennis, Schwimmen oder Skifahren. Für die wenigen offenbar auch viel befriedigender. Wer es sich leisten kann, schadet niemandem. Und wenn es sie (ihn) befriedigt – warum denn nicht?

Schach

Dem Weltmeister Robert J. Fischer, seinem ungewöhnlichen Auftreten freilich nicht weniger als seiner faszinierenden Spielweise, ist es zu danken, daß mancher sich wieder gefragt hat: Möchte ich auch Schach spielen? (Oder: Sollte ich meine Kinder das Schachspiel lernen lassen?) Was spricht dagegen, was dafür?

CONTRA

1. Jeder zweite Großmeister des Schachs ist offenbar ein Fall für den Psychiater.
2. Als Spiel gesehen, ist Schach sehr ungesellig. Im Normalfall spielen es zwei, schweigend.
3. Als »Sport« gesehen, ist Schach eher ungesund. Es verleitet zu Trinken und Rauchen in ungelüfteten Räumen.
4. Schachspielen führt zu nichts – außer allenfalls zu besserem Schachspielen.
5. Liebende können sich über einem Schachbrett leichter entzweien als vereinen.
6. Schach ist schwer zu erlernen und kostet furchtbar viel Zeit.
7. Computer können es am Ende doch besser.

PRO

1. Die geniale Höchstleistung grenzt allenthalben an den Wahnsinn – nicht nur beim Schach. Ein bißchen Schach hingegen macht so wenig verrückt wie ein bißchen Poesie.
2. Schach ist das einzige Spiel, das durch eine bestimmte Art intellektueller Fähigkeiten entschieden wird – vor allem durch die Fähigkeit, graphisch, in Bildern, zu denken. Da wirkt das Glück nicht mit (wie bei Kartenspielen); da hilft Routine als solche nichts (wie bei Mühle oder Monopoly); da werden aber auch weder Lexikon-Kenntnisse noch Gelehrsamkeiten gefordert (wie bei den üblichen Quiz-Spielen).

3. Logisches Denkvermögen kann kaum besser trainiert, Konzentration kann nicht besser geübt werden als durch Schach.
4. Schach bietet eine einzigartige Möglichkeit, mit einem lieben Menschen viele Stunden lang auf eine intelligente Weise zusammenzusein. Unter uns Amateuren darf dabei ja auch gesprochen werden.
5. Jeder mit einem IQ von 90 aufwärts kann die notwendigen Voraussetzungen des Schachspiels – die Züge der Figuren, die Standard-Eröffnungen, die üblichsten Endspiele – in einer Woche erlernen. Eine Woche – immerhin; aber doch eben nur eine Woche. Und wenn er dann trotzdem (als Anfänger unweigerlich) gegen einen gut programmierten Computer verliert, dann darf er sich trösten mit dem Gedanken, daß in diesen Computer die geballte Intelligenz und Routine einiger Großmeister eingefüttert worden ist.
6. Schach erzieht zur Geduld – wer innerhalb der nächsten zwei Stunden »einen Termin wahrnehmen muß«, hat (gegen einen einigermaßen ernstzunehmenden Gegner) schon verloren.
7. In keinem Spiel oder Sport kann jeder einzelne so sehr für sich selber bestimmen, wie gut er sein möchte; kann jeder so leicht und zweifelsfrei ermitteln, wie gut er ist.

CONCLUSIO

Schach ist der individuellste Leistungssport und der intellektuell befriedigendste Zeitvertreib. Da freilich sitzen auch die Haken. Mir, zum Beispiel, wäre das individualisierende Moment durchaus recht; aber ich habe nie Zeit gehabt, die ich »vertreiben« wollte. Andere möchten ihren Sport und ihre Spiele eher »kollektiv«. Warum in einem so sehr auf das Kollektiv eingestellten Staat wie der Sowjetunion das individualistischste der Spiele, eben Schach, mehr Anhänger (und mehr Großmeister) hat als in irgendeinem anderen Land der Welt, wäre einiger unkonventioneller Überlegungen wert.

Feuerwerk

Im Versailles Ludwigs XV. fing es an. Ruggieri hießen die Feuerwerker, zwei Brüder aus Italien. Das war im 18. Jahrhundert. Seitdem feiert jedes Dorf mit Glitzern und Knallen.

PRO

1. Man muß die Feste feiern.
2. Feuerwerk ist eine gesellschaftsfreundliche Art des Feierns; die Zuschauer haben meistens mehr davon als die Veranstalter.
3. Es ist schön, es ist lustig, wenn es glitzert und knallt. So weniges ist heute schön und lustig.
4. Eine ganze Industrie lebt vom Feuerwerk: eine jener begehrten lohnintensiven Industrien, bei denen die Gewinnspanne zwischen Rohstoff und Fertigprodukt 1000 Prozent und mehr beträgt.
5. Da will uns wohl nicht jemand das bißchen Spaß verderben?

CONTRA

1. Das »bißchen Spaß« koset Jahr für Jahr Millionen.
2. Der Teufel weiß, warum wir von den barocken Festen ausgerechnet das Feuerwerk behalten mußten; die ursprünglichen Beweggründe dafür waren doch: militärischer Triumph und nationales Pathos.
3. Viele Fünfzigjährige und Ältere finden es gar nicht so schön und so lustig, wenn es »glitzert und knallt«. Auch beim Untergang der Sechsten Armee, Dresdens und Coventrys »glitzerte« es und »knallte«. Abwegiger Vergleich? Traumata differenzieren nicht.
4. Viele Hunde leiden Höllenqualen bei dem Geknalle. (Manche Menschen werden das leider für ein Pro-Argument halten.)
5. Das Schlimmste ist: Feuerwerke verführen – Amateure, Fußballfans, Knattertons und Knallertons aller Altersklassen; viel-

leicht wirken sie auch anregend für noch gemeingefährlicheren Unfug auf der gleichen Salpeter-Basis.

6. Amateur-Feuerwerke aller Art, ob auf dem Fußballplatz oder in der Silvesternacht, verursachen Jahr für Jahr Millionenschäden, auch Verletzungen, manchmal gibt es einen Toten.

CONCLUSIO

Man soll Donnerschläge nicht gegen Spatzen schleudern. Wenn ein Winterkurort oder ein Seebad mal Versailles spielen will – warum denn nicht? Für die Freuden der Mitmenschen muß man auch ein bißchen leiden können. Der freie Verkauf von Feuerwerkskörpern *en masse* jedoch, auch an sehr Jugendliche, die nicht die geringste Rücksicht nehmen können auf Schreckhafte und Erschrockene (dafür fehlen ihnen alle Erfahrungen), bedeutet in manchen Wohngegenden, daß es dauernd knallt. Professionell veranstaltete Feuerwerke wollen wir (auch diejenigen von uns, die dieses Glitzern und jedes Knallen verabscheuen) ertragen; sie gehen ja auch einmal wieder vorbei. Aber die Amateur-Glitzerei und vor allem -Knallerei, die kein Ende nimmt, ist doch ziemlich unerträglich.

Camping

Am vollen Busen der Natur ruhen: wer von uns Großstädtern wollte das im Urlaub nicht? Die einen Freunde versuchen uns zu raten: nur wer »campt«, lebt natürlich; die anderen versuchen uns abzuraten: Camping ist nun wirklich das letzte. Hier die Argumente der einen und der anderen.

PRO

1. So sehr »mitten in der Natur« wie ein Zelt oder ein Wohnwagen(-Anhänger) kann ein Hotel oder Gasthof gar nicht liegen.
2. Camping ist, gemessen an den ständig steigenden Hotelpreisen, billig.
3. Jede Menge Kinder und Tiere kann man zum Camping mitnehmen, die in Hotels, auch in schlichteren Gasthöfen, als störend empfunden werden.
4. Die Freundin, die in Hotels scharfen Kontrollen unterworfen wird, geht auf dem Campingplatz lässig durch.
5. Der »Camper« ist an keinen Ort gebunden; gefällt es ihm an seinem ersten Urlaubsziel nicht, sucht er sich ein zweites.
6. Die Kameradschaft der Camper auf ihren Plätzen ist großartig, dort kann man noch echte Gemeinschaftserlebnisse haben.
7. Alles geht auf dem Campingplatz so natürlich zu.

CONTRA

1. Fahrer (relativ) kleiner Autos mit (relativ) großen Anhängern sind, sofern sie nicht auch schon Omnibusse oder Lkw über enge Paßstraßen gesteuert haben, eine überdimensionale Straßenverkehrsgefahr für sich selber und für andere.
2. Vieles spricht gegen Hotels, gewiß: die für uns kleinere Leute nicht amerikanischer Herkunft immer unerschwinglicher werdenden Preise; auch die Abneigung gegen Kinder und Tiere (sie

ist nicht ganz unbegründet: andere Hotelgäste beschweren sich dann nämlich); aber daß sie gegen einigermaßen glaubhaft als möglicherweise Ehefrauen sich gerierende Freundinnen etwas einzuwenden hätten, das kann man unseren Hotels nun wirklich nicht nachsagen.

3. Die Mischung von quärrenden Kofferradios, stinkenden Behelfstoiletten und stechendem Ungeziefer, die einen Campingplatz ausmacht, ist mit »Natur« vielleicht doch etwas allzu euphemistisch beschrieben.

4. Meistens geht so ein Campingurlaub auf Kosten der Frauen: Sie müssen kochen und waschen, genau wie zu Hause, nur unter erschwerten Bedingungen.

5. So richtig erholsam sitzt man nicht, ißt man nicht, liegt man nicht, liebt man nicht, schläft man nicht im Grünen, wenn man die anderen elf Monate des Jahres ganz anderes gewohnt ist.

6. Auf den schönen, den begehrteren Campingplätzen muß man sich ebenso lange vorher anmelden wie in einem Hotel.

7. Schöne Gemeinschaft? Lästige Nachbarn!

CONCLUSIO

In dieser arbeitsteiligen Gesellschaft dem Gaststättengewerbe ins Handwerk pfuschen zu wollen, verlangt mehr Selbstbewußtsein, als unsereiner urlaubshalber gern aufbrächte. Wenn ich noch einmal wieder sehr jung wäre, würde ich gewiß gern wieder zelten – am liebsten mit Freundin und Paddelboot bei einem Moselwinzer auf der Wiese.

Die überorganisierten Campingplätze neuester Bauart mit Eisschränken und Telephon finde ich ziemlich schrecklich. Dann schlage ich lieber ein Zelt im Garten auf. Aber wer nun keinen Garten hat und dennoch eine große Familie? Dem wünsche ich viel Vergnügen beim Campen – solange es nicht alles auf Kosten der Frau oder der Freundin geht.

FKK

Durch den Ausdruck »Freikörperkultur« wurde das Nackt-Umherlaufen und vor allem Nacktbaden aus den Niederungen des Anrüchigen auf eine recht deutsche Weise emporstilisiert zur Weltanschauung. Wer den messianischen Anspruch als eher peinlich empfindet, benutzt daher gern, auch wenn er sonst kein Freund von Kürzelsprachen ist, die drei Buchstaben: FKK.

CONTRA

1. Die meisten Leute über 25 sind schöner, wenn sie angezogen sind.
2. FKK-Strände sind Festwiesen für Exhibitionisten und Voyeure.
3. Das verlorene Paradies läßt sich nicht dadurch zurückgewinnen, daß die Menschen ihr Feigenblatt wieder abreißen; der Weg zurück zur Natur wird nicht durch abgelegte Unterwäsche markiert.

4. Striptease ist schlimm genug; aber da sind die Akteure doch wenigstens Profis, die dafür bezahlt werden.
5. Jener Teil der Moral, der auf dem Schamgefühl basiert, wird aufgeweicht durch FKK. Sexuelle Verwahrlosung ist die Folge.
6. Naturapostel, Vegetarier, Pazifisten, Freikörperkulturelle – das alles sind sonderbare und sicher anomale Außenseiter der Gesellschaft.
7. Erwachsene geben da der Jugend ein sehr schlechtes Beispiel. Schließlich verbieten die Gesetze mit gutem Grund, daß Jugendliche Nachtlokale besuchen. Wer mit fünfzig noch nackt baden will – soll er; wir aber machen uns Sorgen um Kinder, denen gar nichts mehr ein Geheimnis ist.
8. Peinlich ist es doch irgendwie – oder? Wenn Sie zum Beispiel eine(n) Bekannte(n) treffen?

PRO

1. Gewiß nimmt ein Mann auch am FKK-Strand die Schönheit eines 17jährigen Mädchens mit Wohlgefallen wahr; ansonsten aber versteht keiner, der mittut, FKK als Schönheitskonkurrenz.
2. FKK ist die wirksamste Therapie gegen Exhibitionismus, Voyeurtum und viele andere Verklemmungen.
3. Sie mögen vom Paradies weit entfernt sein: aber eine gewisse Unschuld haben nackte Menschen noch immer; sie können weder Schußwaffen noch Brieftaschen noch kostbaren Schmuck zücken; sie können sich nicht einmal ausweisen.
4. Strip gewiß; von *tease* keine Spur, wie ja an den FKK-Männern nachgewiesen werden kann.
5. Nirgendwo gibt es weniger Sexualdelikte als an FKK-Stränden.
6. Es ist eben doch ein sehr schönes Gefühl, wenn Wasser, Wind und Sonne direkt auf den Körper wirken. Und das tut nicht nur der Haut, das tut auch der Seele gut.
7. Die Hälfte von dem, was Eltern als »Aufklärung« zu leisten sich verpflichtet fühlen, erübrigt sich, wenn sie ihre Kinder mit an den FKK-Strand nehmen.
8. Ein BRD-Bürger in Ostdeutschland: »Überall diese schreck-

lichen Spruchbänder...« Darauf der DDR-Bürger: »Die sehen wir schon gar nicht mehr.« – Ein DDR-Bürger in Westdeutschland: »Überall diese nackten Mädchen...« Darauf der BRD-Bürger: »Die sehen wir schon gar nicht mehr.« – Ein FKK-Neuling: »Ist das nicht peinlich, Bekannte nackt zu treffen?« Darauf der Freikörperkulturelle: »Das sehen wir schon gar nicht mehr.« Was man Tag für Tag erlebt, entbehrt auf eine gesunde Weise des Sensationellen. Wo alle nackt sind, ist der Angezogene der Außenseiter.

CONCLUSIO

Die Argumente für das Baden ohne Kleider erschienen mir, hoffe ich, auch dann als die besseren, wenn ich nicht von Kindheit an damit vertraut wäre. Freilich bin ich uneingeschränkt dafür wohl doch nur im Urlaub an der See: weil der richtige Urlaub darin besteht, daß alles ganz anders ist als sonst. Nur Esel sind konsequent: ich erlaube mir, nackte Skifahrer lächerlich zu finden.

Mixgetränke

Bei Mixgetränken im eigentlichen Sinn ist mindestens ein Bestandteil alkoholisch. Es kann hier also nicht um die Enthaltsamkeit von Alkohol gehen – das ist ein anderes Thema –, sondern es wird danach gefragt, ob man ein, wenn schon alkoholisches, Getränk immer nur rein trinken sollte oder manchmal auch mit anderem gemischt.

CONTRA

1. Was für ein Unfug, den beabsichtigten und oft mühevoll erreichten Geschmack eines Getränks zu zerstören, indem man was anderes dazukippt. Da machen sich die schottischen Brenner die allergrößte Mühe, ihrem Whisky einen charakteristischen Geschmack zu geben – und dann tun die Leute Zitronensaft hinein und nennen es »Whisky sour«.
2. Wein und Likör, Bier und Sekt, Rum und Orangeade schmekken getrennt besser, als wenn man sie zusammenschüttet.
3. Mixgetränke sind unbekömmlich.
4. In einer Hausbar gehen Mixgetränke meistens schief; in einer Hotelbar sind sie unverschämt teuer.
5. »Cocktails«, wie ja Mixgetränke ihrer leuchtenden Farben wegen einmal hießen und wie einige von ihnen auch noch heute heißen, sind zum Ansehen da, nicht zum Trinken.

PRO

1. Es ist nicht alles rein, was dem Laien ach so rein erscheinen mag: Der übliche schottische Whisky ist eben nicht *pure malt*, sondern er ist wie deutscher Rum *»blended«*, verschnitten, gemischt. Mischgetränke sind alle Liköre, alle Apéritifs, ist, strenggenommen, sogar Bier.
2. Minderer Sekt wird durch einen Schuß Bier erst gut, so wie ein herber Weißwein durch einen Schuß Cassis (Schwarzer Jo-

hannisbeerlikör) zu einem köstlichen Getränk (»Kir« genannt) werden kann. Und »Rum mit Obstsaft« – das ergibt, richtig gemischt, die Krone der Cocktails, wie sie unter vielen verschiedenen, meist sehr exotischen Namen die Welt der schönsten Bars zwischen Nassau und Manila beherrscht (hierzulande am bekanntesten: »Planter's Punch«).

3. Wild Zusammengekipptes ist sicher unbekömmlich. Gute Mixgetränke unterscheiden sich davon eben gerade auch durch ihre Bekömmlichkeit. Ein »Dry Martini« (Cocktail) bekommt den meisten Leute besser als ein »Martini Dry« (Vermouth). Bekömmliche Drinks zu mixen, muß freilich gelernt sein.

4. Jeder, der will, daß die (Cocktail-)Bars am Leben bleiben, tut gut daran, für Mixgetränke zu sein. Denn diese Bars können auf die Dauer nicht leben von Kunden, die Bier und Wein trinken – dafür gibt es andere, billigere und dennoch bessere Gaststätten; Kneipen, wo mehrere Biersorten sorgfältig gepflegt werden, vom gutmütigen, wenig empfindlichen Exportbier bis zum kapriziösen Urquell; Weinstuben, wo viele Jahrgänge der Produkte von den besten in- und ausländischen Weinbergen in kühlen Kellergewölben lagern. Bars können auch nicht leben allein von der Großzügigkeit (oder Dummheit) der Leute, die bereit sind, bei einem Whisky ein Zehntel für den Tauschwert des Getränks (von der Steuer nicht zu reden) und neun Zehntel für Atmosphäre zu bezahlen.

5. Wo Mixgetränke nicht mehr verlangt werden, gibt es bald niemanden mehr, der sie mixen kann. Es sind schon heute in Deutschland nur noch wenig Mixer vom fünften Grad zu finden. Grad 1 kann einen »Dry Martini« (statt schlicht Vermouth zu servieren). Grad 2 kann einen »Dry Martini« richtig (und schüttet nicht einfach ein bißchen Gin in den Vermouth). Grad 3 kann einen »Gin Fizz«, der mehr ist als Zuckerwasser, Zitrone und Gin. Grad 4 kann einen »Irish Coffee«, mit dem richtigen Kaffee und dem richtigen Whiskey (!) und dem richtigen Zucker und nicht zu viel flüssiger (!) Sahne. Grad 5 kann einen Rum-Cocktail mit dem Saft frischer Früchte und der reichen, delikatesten Mischung aus dunklem Corruba und hellem Bacardi oder hauseigenen Varianten – auf die Mischung kommt es an! Der min-

dere Mixer, den die Bier- und Weintrinker in den Bars heranzüchten, schüttet etwas vorgepreßten oder gar konservierten Fruchtsaft auf viel zuviel mehr oder minder fein zerstoßenes Eis und garniert das Ganze mit ein paar Cocktailkirschen und einer Prise Rumverschnitt.

CONCLUSIO

Man kann Alkohol ganz lassen – vielleicht sollte man. Man kann in der Kneipe Bier und in einem gepflegten Lokal Wein trinken. Man kann sich Gäste zu Orangensaft, Sekt, Bier, Wein und Schnaps einladen – oder sich dazu einladen lassen. Nur: wer schon mal in eine Bar geht, der sollte dort auch dem Mixer Gelegenheit geben, seine Kunst zu zeigen und sein Geld zu verdienen. Es gibt in Deutschland noch 30, in der Schweiz noch 20 und in Österreich noch 10 Bars, in denen sich das lohnt.

Abendanzug

Ob wir es nun »große Toilette«, »Abendkleid«, »Smoking« oder »dinner-jacket« nennen: es geht um die Frage, was dafür, was dagegen spricht, sich zu festlichen Anlässen festlich, also eine Nummer besser als sonst, anzuziehen.

CONTRA

1. Warum soll ich mir für teures Geld einen Smoking kaufen, ihn dann zwei- oder dreimal im Jahr anziehen und mich diese zwei- oder dreimal *»overdressed«*, zu feierlich angezogen fühlen?
2. Die große Toilette der Erwachsenen ist so unnatürlich, wie es die Sonntagsanzüge sind, in die die armen Kinder reicher Eltern gepreßt werden und in denen sie sich dann nicht »schmutzig machen« dürfen.
3. Die ökonomisch Schwachen können sich festliche Kleidung, die teuer ist, nicht leisten. Abendanzüge betonen also die Standesunterschiede.
4. Niemand kann guten Gewissens sich in Samt und Seide kleiden, während anderswo auf der Welt Menschen hungern.

PRO

1. Zuerst darf vielleicht die Frage gestellt werden, ob nicht das den Ausschlag gebende Contra-Argument unterdrückt wird, weil es allzu leicht als Pro-Argument verstanden werden könnte: Es ist so viel einfacher und bequemer, für Männer vor allem, am Abend in den gleichen Klamotten weiterzugammeln, die man am Morgen angezogen hat.
2. Man könnte Feste natürlich ganz abschaffen – das vierte Contra-Argument liefe darauf hinaus. Dabei sollte man sich freilich keinen Illusionen hingeben: Der Verzicht auf *haute couture* ließe einen schönen, umweltschonenden Gewerbezweig verdorren, oh-

ne daß dadurch auch nur ein einziger Hungriger satt würde. Die Alternative »gutes Essen oder ein neues Kleid für Mutti« gilt nur im engsten Familienkreis.

3. Wer Feste als notwendige Höhepunkte im kollektiven Leben jeder Gesellschaft sieht, wird sich fragen müssen, wie denn solche Höhepunkte markiert werden könnten. Wenn nicht durch festliche Kleidung, wodurch dann?

4. Abendkleider, Smokings kosten weniger als das, was ein jugendlicher Motorradfahrer für sein Lederzeug ausgibt. Wäre festliche Kleidung allgemein gesellschaftlich akzeptiert, hinge sie auch nicht nutzlos im Schrank herum; dann würde der dafür nötige Aufwand die Möglichkeiten eines Normalverdieners nicht überschreiten.

5. Festliche Kleidung muß nicht furchtbar teure Kleidung sein; für den Beweis dieser Behauptung sind die Pariserinnen weltberühmt geworden.

6. Ein durchaus anti-emanzipatorisches Argument: Normale Frauen ziehen sich gerne hübsch an. Was berechtigt normale Männer, ihnen die Gelegenheiten dafür zu versagen?

7. Wer sich bei guter Gelegenheit gut anzieht, tut damit viel weniger sich selber einen Gefallen als »der Gesellschaft«. Er (sie) selber sieht sich ja gar nicht; aber gutangezogen tragen beide zu einem für alle Anwesenden erfreulichen Bild bei.

CONCLUSIO

Es ist gut, daß der »Frackzwang« inzwischen außer bei dem Festbankett für Nobelpreisträger in Stockholm so gut wie überall abgeschafft worden ist. Es ist angenehm, unter Leuten zu leben, denen es peinlich ist *to be overdressed*, die unsereinen auch ohne Schlips akzeptieren. Und dennoch fände ich ein Leben ohne Höhepunkte ein trauriges Leben, und die Kleidung scheint mir (neben dem Ambiente im allgemeinen sowie Speisen und Getränken im besonderen) eine der paar Möglichkeiten, Akzente zu setzen. Ich stelle mir vor – man sollte so etwas doch zu Ende zu denken versuchen – alle Menschen, Frauen wie Männer, trügen Tag und Nacht, morgens und abends, im Urlaub und im Büro, festtags wie alltags immer das gleiche zweckmäßige Asbestkostüm: wie praktisch wäre das! Und wie langweilig.

Reise und Verkehr

Autofahren

Unter den vielen Möglichkeiten, uns zu Lande, zu Wasser oder in der Luft zu bewegen, können wir nicht immer frei wählen. Wo unsere Fortbewegungsart uns von den Umständen vorgeschrieben wird, erübrigt sich jede Diskussion. Oft freilich ist, was als Zwang erscheint, auch nur Gewohnheit. Bei Urlaubsfahrten zum Beispiel sind wir doch verhältnismäßig frei in der Wahl des Verkehrsmittels, da wir ja auch verhältnismäßig frei sind in der Wahl des Urlaubsortes (das eine kann natürlich vom anderen abhängig sein). Mancher freilich bedarf einer Weltenergiekrise, um zu entdecken, daß es auch eine Alternative zum Autofahren gibt.

PRO

1. Im Auto ist man »unter sich«, ungestört von Mitmenschen.
2. Mit dem Auto läßt sich mehr Gepäck mühelos transportieren als mit irgendeinem anderen Verkehrsmittel. Und wer nun gar Tiere (Vögel, Katzen, Hunde, kleine Tiger) mitnehmen will, für den kommt eigentlich nur das Auto in Frage.
3. Der Fahrpreis ist bei voll besetztem Auto noch immer verhältnismäßig niedrig, wo ein Auto ohnehin zum Haushalt gehört.
4. Der Autofahrer macht selber seinen Fahrplan, in dem er mindestens die Abfahrtzeit nach eigenem Gutdünken festlegen kann.
5. Sollte das Fahrtziel (der Urlaubsort) enttäuschen – mit dem Automobil ist man, wie das Wort dem Humanisten sagt, von selber beweglich und findet möglicherweise leicht etwas Passendes in der Nachbarschaft.
6. Am Urlaubsort ist es eigentlich immer nützlich, ein Auto zu haben.
7. Wer mit dem Auto fährt, sieht etwas von der Welt – soweit sie zwischen seinem Startpunkt und seinem Urlaubsort liegt.

8. Man kann die Reise immer dann und dort unterbrechen, wenn und wo man sie – sei es zur Kirchenbesichtigung, sei es zur Befriedigung kreatürlicher Bedürfnisse – unterbrechen will.

CONTRA

1. Autofahren ist keine Erholung. Auf dem Wege in den Urlaub ist das vielleicht nicht so wichtig – aber auf dem Wege zurück!
2. In jedem Jahr sterben an die 20 000 Deutsche auf den Straßen – zu viert in einem Auto haben Sie immerhin im Laufe des Jahres eine 1:5000-Chance, dabeizusein. Gewiß, Sie fahren nicht jeden Tag. Dadurch verbessern sich Ihre Überlebenschancen. Aber daß es Sie erwischt, ist noch immer viel wahrscheinlicher als sechs Richtige im Lotto. Und die Wahrscheinlichkeit von zwar überlebbaren, aber dennoch schmerzhaften oder wenigstens sehr ärgerlichen Unfällen ist so groß, daß jeder Autofahrer gut daran täte, sie von vornherein einzukalkulieren.
3. Wenn man die Versicherungen gegen alles, was einem unterwegs passieren kann, wenn man Steuern, Anschaffungs- und Unterhaltskosten dazuzählt, wenn dazu die Benzinpreise weiter steigen wie gehabt, dann sind Auto-Reisen gar nicht mehr so billig.
4. So frei Sie Ihre Abfahrtszeit bestimmen können, so wenig Kontrolle haben Sie über Ihre Ankunftszeit.
5. Während der Autoreise setzen Sie sich stundenlang dem Einatmen von sehr gesundheitsschädlichen Kohlenoxyd-Gasen aus.
6. Das Auto wird Sie auch am Urlaubsort dazu verführen, sich seiner Pferdestärken zu bedienen und Ihre Menschenstärken verkümmern zu lassen.
7. Manche Autos springen im Winter nicht an; andere Autos kochen im Sommer über. Für alle Sonntagsfahrer kann das Auto im Urlaub nur zusätzlichen Ärger bedeuten. Davon, daß man in anderen Ländern anders fährt, gar nicht zu reden . . .

CONCLUSIO

Da ich mir genau wie jeder andere nicht exklusiv sonntägliche Autofahrer einbilde, ein guter Autofahrer zu sein, würde ich in einen Sommerurlaub zu nahem Ziel, etwa von Hamburg nach Sylt, immer mit dem Auto fahren – solange die Sylter dumm genug sind, Autos auf ihrer Insel willkommen zu heißen. Beim Winterurlaub würde ich das Auto viel lieber zu Hause stehenlassen oder allenfalls im Zug mitnehmen. Wo Pro und Contra einander derart die Waage halten, wird die Zunge bewegt durch die Witterungsverhältnisse. Dazu und darüber hinaus stimmt freilich: Wer das Auto zu Hause läßt, läßt einen Teil des Ärgers zu Hause, den ihm so ein Auto immer wieder einmal macht. Bei Urlaubszielen, die nicht weiter als 1000 Kilometer entfernt sind, würde ich mit Familie und viel Gepäck trotzdem das Auto bevorzugen. Aber sonst führe ich lieber mit der Bundesbahn.

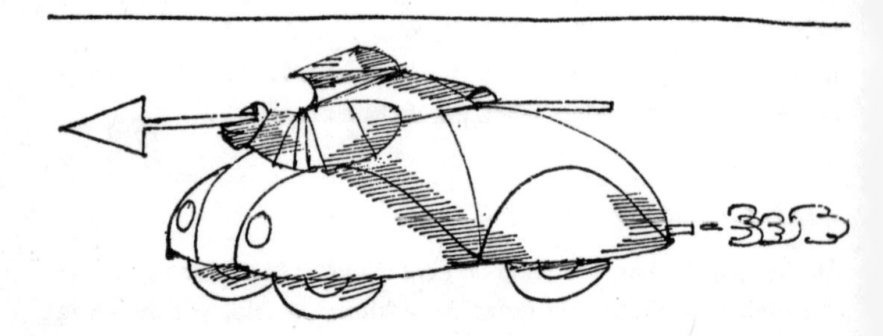

Schnelle Sportwagen

Alles, was für oder gegen Autofahren im allgemeinen spricht, spricht dann ja wohl auch für oder gegen schnelle Sportwagen. Es kommt freilich noch einiges dazu.

CONTRA

1. Schnelle Sportwagen sind sehr teuer. Ein ganz bescheidener Porsche kostet 30 000 Mark (plus/minus 5000).
2. Schnelle Sportwagen sind nicht nur »in der Anschaffung« teuer. Sie verbrauchen ziemlich viel Benzin, die Reparaturen sind kostspielig, und auch die Versicherungen kassieren flugs das Doppelte von den Eigentümern schneller Sportwagen.
3. Das physikalisch meßbare Unfallrisiko steigt im Quadrat der Geschwindigkeit – steigt also ins schier Unermeßliche bei schnellen Sportwagen.
4. Es gibt keine öffentliche Straße, auf der Besitzer schneller Sportwagen die von ihnen teuer erkaufte Geschwindigkeit länger als ein paar Minuten voll ausfahren könnten – und auch dann noch haben sie Schwierigkeiten vor Gericht, wenn einmal etwas passiert. (»Sie müssen Ihren Wagen auf Sichtweite zum Stehen bringen können« – einen Lamborghini, nachts auf einer Autobahn?)
5. Eine Geschwindigkeitsbeschränkung auch auf Autobahnen kommt bestimmt.
6. Schnelle Sportwagen dienen nur a) persönlichem Geltungsbedürfnis, b) sexueller Kompensation: »Die lahmsten Hirsche sitzen auf den schnellsten Schlitten« und »Die sichersten Zeichen für Impotenz sind: Bart, Pfeifenrauchen, schnelle Sportwagen« (so »wissenschaftlich« ermittelt).

PRO

1. Wer schnelle Sportwagen fährt, muß wirklich Auto fahren können.
2. Von ein paar Irren abgesehen, gelten die Sportwagenfahrer als besonders rücksichtsvoll. Mancher Maserati-Lenker läßt sich, zum Beispiel, auf Autobahnstrecken mit Geschwindigkeitsbeschränkung gern von allen Opels überholen.
3. Es kommt doch natürlich nicht auf die Spitzengeschwindigkeit an – wer wäre schon irre genug, außerhalb einer Rennstrecke 250 zu fahren? Die große zusätzliche Sicherheit schneller Sportwagen liegt vor allem auch darin, daß sie ein so gefährliches Manöver wie das Überholen kurz machen.
4. Von Flugzeugen kann sich, wofür es ja manchmal gute Gründe gibt, auf Strecken bis zu fünfhundert Kilometer emanzipieren, wer über einen schnellen Sportwagen verfügt (»über ... verfügen« muß nicht unbedingt gleich »besitzen« sein – dieser gesellschaftspolitische Aspekt soll hier nicht erörtert werden).
5. Am »Unfallgeschehen« sind schnelle Sportwagen weniger beteiligt, als es der von den Versicherungen errechnete »Risikofaktor« ausweist.

CONCLUSIO

Pro- und Contra-Argumente ließen sich hier (wie allenthalben) sicher noch weiterführen. Es könnte ganz ernsthaft davon geredet werden, daß viele Verbesserungen der eher gemäßigten Touringfahrzeuge, aber auch der Kleinstmobile nicht möglich gewesen wären ohne die Pioniere der schnellen Sportwagen (womit das Ganze auch auf ein »Pro und contra Automobilrennen« hinauslaufen könnte). Ich vermute, in fünfzig (vielleicht schon in zehn?) Jahren wird sich keine Gesellschaft den individualistischen Luxus der Schnelleren noch leisten können. Aber bis wir alle auf Monorail-Hoch-oder-Untergrundbahnen, kombiniert mit Flugmaschinen, umsteigen müssen, wollen mir schnelle Sportwagen als eher freundliche Tupfer in der chaotischen Landschaft des internationalen Straßenverkehrs erscheinen. Sie sind gewiß für das Chaos der in sich selber verendenden Blechschlangen nicht allein und nicht an erster Stelle verantwortlich. Es gibt ihrer ja nicht so viele, und sie halten den »Verkehrsfluß« am allerwenigsten auf. Von alldem abgesehen, ist ein schneller Sportwagen (Lamborghini, Maserati, Alfa, Porsche) ja doch auch was richtig Schönes – oder?

Anschnallen

Von allen Pro- und Contra-Stücken, die ich geschrieben habe, hat das über Anschnallen im Auto nächst dem über Kirchenaustritt das stärkste Echo gehabt. Starkes Echo heißt bei Veröffentlichungen in der Zeitung: Widerspruch. Denn Zustimmung reißt den Leser nicht so leicht an die Schreibmaschine wie Empörung. Die »Zeit«-Leser waren empört. »Leichtfertig« war noch die sanfteste Qualifikation, die mir zugedacht wurde. Da das Anschnallen in Deutschland, vor allen anderen europäischen Ländern, vermutlich bald Gesetz wird, hätte ich es aus diesem Buch herauslassen können. Aber da es doch ein so interessanter Testfall für die Tragweite von Argumenten zu sein scheint, erweitere ich das ursprünglich sehr kurze Stück so, daß auch die Argumentation erweitert werden kann.

PRO

1. Die erschreckend hohe Zahl der Toten im Straßenverkehr ließe sich drastisch senken, wenn jeder Autofahrer sich anschnallte.
2. Durch Tests ist nachweisbar, daß die drastische Bremsung einer Vorwärtsbewegung (zum Beispiel: Auffahrunfall mit 50 Stundenkilometern) bei angeschnallten Auto-Insassen statt tödlich glimpflich enden kann.
3. Durch Tests ist nachweisbar, daß die nicht ganz so drastische Bremsung einer Vorwärtsbewegung (zum Beispiel: Auffahrunfall mit 20 Stundenkilometern) von Haltegurten derart abgefangen werden kann, daß die Auto-Insassen statt mit Verletzungen (vor allem der Augen) mit dem Schrecken davonkommen können.
4. Wenn ein Auto, aus welchen Gründen auch immer, sich überschlägt, dann hat der Angeschnallte die besseren Überlebenschancen.
5. Der Autofahrer, der meint, es sei doch seine Sache, welches

Risiko er eingeht, verkennt, daß er Versicherungs- und Steuermittel in Anspruch nimmt.
6. Der Autofahrer, der meint, sein Risiko sei seine Sache, sollte doch an seine Familie denken.

CONTRA

1. Die erschreckend hohe Zahl der Toten im Straßenverkehr wollen wir alle senken. Konstruktionspläne für Sicherheitsautos liegen vor, die bei einer allgemeinen Geschwindigkeitsbeschränkung auf 30 Stundenkilometer garantieren, daß kein Autofahrer mehr im Straßenverkehr ums Leben kommt. Lächerliche Überspitzung? Aber nein: nur ein Hinweis darauf, daß irgendwo die Grenze zwischen Sicherheit und Freiheit gezogen werden muß.
2. Die Unfälle durch »drastische Bremsung einer Vorwärtsbewegung« machen einen statistisch nicht ermittelten Teil aller Unfälle aus. Erfahrung will lehren: zwischen zehn und zwanzig Prozent. Davon wären abzuziehen: milde Auffahrunfälle, die auch ohne Gurte glimpflich verlaufen; und: Frontalzusammenstöße, die auch mit Gurten tödlich enden. Richtig ist zweifellos: die meisten der Unfälle, deren Folgen durch Haltegurte gemildert werden können, passieren im Stadtverkehr. Es handelt sich dabei vor allem um heftiges Auffahren auf den Vordermann. Gemildert werden die Folgen dabei normalerweise nur für den, nach der üblichen Rechtsprechung wie nach normalem Fahrempfinden, schuldigen Hintermann.
3. Bei einer »drastischen Beschleunigung der Vorwärtsbewegung«, wie sie der Vordermann bei einem Auffahrunfall erfährt, helfen Gurte nur in seltenen Fällen: wenn nämlich die Elastizität der um eine richtig angebrachte Kopfstütze verlängerten Rückenlehne wirklich zu der bei Tests erprobten Umkehr der Bewegung durch Federung führt. Bei dem häufigsten Unfall, dem Stoß von der Seite, helfen die üblichen Gurte wenig.
4. Die Kosten von Verletzten, die ohne Gurte heil geblieben, von Toten, die ohne Gurte nur verletzt worden wären, spielen innerhalb der hier gegebenen Größenordnungen volkswirtschaftlich überhaupt keine Rolle. Schmerz und Leid genügen ja durch-

aus; der Versuch, sie durch Kostenrechnungen zu quantifizieren, ist überflüssig.

5. Die Behauptung, je weniger einer sich im Auto bewegen könne, desto sicherer sei er (sie wird allen Ernstes aufgestellt), gilt nur für Testpuppen. Und sie setzt den Unfall als Normalsituation schon voraus. Professionelle Autofahrer, auch Flieger, wissen, wie wichtig es ist, sich in Krisensituationen bewegen zu können. Und noch wichtiger ist für viele: das Gefühl, sich bewegen zu können. Einen Autofahrer-Typ haben wir fürchten gelernt: er trägt Schlips und Hut und ist fest angeschnallt, nichts an ihm bewegt sich.

6. Die Konzentration der Bemühungen auf das Unfälle-Überleben zieht Energien ab von der wichtigeren Bemühung, Unfälle zu vermeiden. Manchen Autofahrern tut das durch die Gurte-Propaganda vermittelte Gefühl, es könne ihnen nun nichts mehr passieren, gar nicht gut.

CONCLUSIO

Daran, daß Gurte in vielen Unfall-Situationen die Überlebenschancen verbessern und auch die Möglichkeiten vergrößern, Verletzungen zu vermeiden, ist nicht mehr zu zweifeln. Daraus folgt, daß alle Autos mit Gurten ausgestattet und alle Mitfahrer ermutigt werden sollten, diese Gurte anzulegen. Kinder sollten dazu gezwungen und wo immer möglich nach hinten gesetzt werden. Der Fahrer jedoch muß, meiner Ansicht nach, für sich selber entscheiden dürfen, ob Gurte ihn in seinem Fahrgefühl beeinträchtigen oder nicht. Allein das Gefühl, Unfälle vermeiden zu können, ist eine psychologische Fahrhilfe, die nicht unterschätzt werden darf nur deswegen, weil sie schwer meßbar, in Kurven und Tabellen nicht vorzeigbar ist.

Autobahngebühren

Wer mit dem Auto durch Italien, Spanien, Frankreich oder über den Brenner fährt (von Amerika nicht zu reden), muß sich wohl oder übel damit abfinden, daß da Autostraßengebühren zu zahlen sind – zuweilen so viel, daß er für den gleichen Preis auch mit der Bahn hätte fahren können. Das westdeutsche Bundesverkehrsministerium verschmäht solche Autostraßengebühren. Was spricht dafür, was dagegen?

CONTRA

1. Die deutschen Autobahnen haben so viele Zufahrten, daß der notwendige Ausbau von Gebührenerhebungsstellen mehr – ebensoviel – beinahe so viel kosten würde, wie die Gebühren einbringen.
2. Belegte man die Autobahnbenutzung mit Gebühren, dann würde ein Teil des Verkehrs abwandern auf die ohnehin überlasteten Bundesstraßen.
3. Nichts ließe sich über die Autobahngebühren erreichen, was sich nicht auch auf dem verwaltungstechnisch weniger mühevollen Umweg über die Benzinsteuer erreichen läßt: Wer viel fährt, zahlt viel Steuern.
4. Der in Stoßzeiten ohnehin sehr zähflüssige Verkehr auf den Autobahnen würde durch die »Tarif-Stellen« noch zäher.
5. Deutsche Unternehmen würden die durch Autobahngebühren erhöhten Preise nur abwälzen auf die Käufer ihrer Produkte.

PRO

1. Eine Autobahn-»Steuer« wäre eine sehr gerechte, jedem Verbraucher unmittelbar einleuchtende Steuer: Ich zahle dafür, daß diese Autobahn gebaut werden konnte.
2. Auf den nordrhein-westfälischen Autobahnen verdreifacht sich die Unfallquote, wenn Holländer und Belgier in die Ferien

nach Italien fahren. Muß das der deutsche Steuerzahler tragen?

3. Die Bundesrepublik ist Durchfahrtsland für schwere Lastzüge von Belgien nach der Türkei und von Griechenland nach Schweden – sollen all diese ausländischen Transportunternehmen, all die TIR-Freunde des deutschen Autofahrers, billig transportieren können auf Kosten des deutschen Steuerzahlers?

4. Das erste Contra-Argument, das von der Kostspieligkeit der Verwaltungsarbeit, stimmt wohl nicht ganz. Tausende von Privatunternehmern wären jedenfalls bereit, gegen eine hohe (an den Bund abzuführende) Konzession Autobahngebühren zu erheben. Und der Verkehr würde kein bißchen stocken außer am Anfang und am Ende einer Autobahn – wo ein bißchen Stocken ganz gut täte.

5. Der Durchgangsverkehr schwerer Lastzüge, um den es vor allem geht, würde sich hüten, auf die Bundesstraßen abzuwandern; die Fahrtzeitverdreifachung würde ihn unrentabel machen.

6. Die Autobahnen würden entlastet vom Berufsverkehr autobahn-naher Großstädte und dadurch freier für den Fernverkehr, für den sie bestimmt sind.

7. Vorbilder in Italien, Frankreich, den USA und, am eindrucksvollsten, in Japan zeigen, daß es möglich ist, solche Gebühren ohne übermäßig hohen Verwaltungsaufwand zu erheben; daß mit Hilfe solcher Gebühren der Bau von unfallarmen Schnellstraßen wirkungsvoll und nach jedermanns Empfinden gerecht finanziert werden kann.

CONCLUSIO

Wenn der Bundesminister des deutschen Verkehrs es um der Idee »Europa« willen bewußt in Kauf nähme, beneluxländischen und skandinavischen Fuhrunternehmern Profitmaximierung auf Kosten des deutschen Steuerzahlers zu ermöglichen, dann sollte er das mit genau diesen Worten sagen. Für »Europa« tun wir ja beinahe alles. Ansonsten spräche Vernunft dafür, die Kosten des (notwendigen und vernünftigen) Autobahnausbaus denjenigen aufzubürden, die davon am meisten profitieren. Dann könnten endlich auch die deutsche Bundesbahn und die deutsche Lufthansa von gleich zu gleich konkurrieren. Bei einer Bitte um Information im Bundesverkehrsministerium hatte ich jedoch nicht den Eindruck, daß dort jedes Pro und Contra erwogen worden wäre. Dort plante man stattdessen, seine Kunden durch rigorose Geschwindigkeitsbeschränkungen von den Autobahnen zu vertreiben.

Das Fliegen

Die drei großen Konkurrenten im Transport sind das Auto, das Flugzeug und die Eisenbahn. Berufsreisen haben – zum Beispiel deswegen, weil sie besonderen finanziellen Erwägungen unterliegen – ihre eigenen Gesetze. Wenn man als einzelner die verschiedenen Möglichkeiten des Transports gegeneinander abwägen will, tut man wohl gut daran, sich eine aus eigener Tasche bezahlte Reise vorzustellen über eine Strecke, die mehrere Transportmöglichkeiten erlaubt. Wie schneidet dabei das Fliegen ab?

PRO

1. Fliegen geht am schnellsten.
2. Es ist »was Besonderes«, ein zusätzliches Urlaubserlebnis.
3. Mit einiger Sicherheit kriegt man dann wenigstens unterwegs, über den Wolken, die Sonne zu sehen.

CONTRA

1. Fliegen ist am gefährlichsten.
2. Es ist am teuersten.
3. Es geht so schnell, daß einem keine Zeit bleibt, sich umzustellen von Arbeit auf Urlaub.
4. Man kann nur wenig Gepäck mitnehmen (wenn man nicht kräftig zuzahlen will).
5. Abflug und Ankunft sind vom Wetter abhängig und dadurch ungewiß.
6. Es kann einem passieren, daß man endlos lange in tristen Flughafenwartesälen herumgammelt.
7. Dieses Herumgammeln, dazu die Fahrt von zu Hause zum Flughafen, vom Ankunfthafen zum Urlaubsort, darf man nicht zur reinen Flugzeit dazuzuzählen vergessen.

CONCLUSIO

Natürlich ist Fliegen nicht besonders gefährlich. Ehe das Entführen und Attackieren von Flugzeugen eine Methode internationalen Terrors wurde, war es sogar besonders gefahrlos. In der Maschine einer etablierten Luftfahrtlinie oder Chartergesellschaft sind die meisten von uns sicherer als im eigenen Auto. Die übrigen Contra-Argumente jedoch sind so leicht nicht von der Hand zu weisen. Ich würde in einen Urlaub nur fliegen, wenn mein Urlaubsziel weiter als 2000 Kilometer entfernt oder mit anderen Verkehrsmitteln besonders schwer zu erreichen wäre. Oder natürlich, wenn ich mich für eine Reisegesellschaft entschieden habe, die ihre eigenen Gründe haben mag, Flugzeugtransport vorzuziehen. Irgendwann freilich sollte jeder auch einmal geflogen sein, trotz allem, was dagegen sprechen mag. Es ist schon »was Besonderes«, jedenfalls beim ersten und bis zum fünften Mal.

Die Bahn

Wo, wie hier, von Urlaubsreisen die Rede sein soll und von den Verkehrsmitteln, die dabei benutzt werden, müssen einige Alternativen weithergeholt erscheinen. Es ist, zum Beispiel, kaum vorstellbar, daß jemand in den Urlaub fliegt, der geradesogut mit dem Fahrrad hätte fahren können. Auch Schiffsreisen von Düsseldorf nach Basel werden selten erwogen – zu Unrecht übrigens, denn sie können (auf dem Rhein) sehr schön sein; wenn auch leider nicht mehr so schön wie damals, als man vom Schlepper noch zum täglichen Bad in den Fluß springen konnte. Die Eisenbahn jedoch wird in viele Überlegungen einbezogen, meistens als Alternative zum Auto.

PRO

1. Trotz einigen unerfreulichen Vorkommnissen in den letzten Jahren darf die Eisenbahn für sich in Anspruch nehmen, das ungefährlichste Verkehrsmittel zu sein.
2. Die Bahn ist das sicherste Verkehrsmittel auch insofern, als Abfahrts- und Ankunftszeiten (beide zusammengenommen) mit größerer Gewißheit feststehen als bei irgendeinem anderen.
3. Man kann in der (deutschen Bundes-)Bahn alles: essen, trinken (mit gutem Gewissen!), lesen, flirten, spazierengehen, schlafen; man kann sogar sein Auto mitnehmen.
4. Man kann jede Menge Gepäck, ohne Schwierigkeit auch Kinder und Tiere bei sich haben.
5. Anders als im Flugzeug, in den meisten Autos, auf dem Fahrrad oder Motorrad kann man in der Bahn richtig bequem sitzen.
6. Man kann nette Leute kennenlernen.

CONTRA

1. Die Bahn ist ziemlich teuer – vor allem für a) große Familien, b) diejenigen, die solche Extra-Möglichkeiten wie Auto-Mitneh-

men oder Schlafen in Anspruch nehmen wollen. Man kann sie auch billiger haben; aber dann muß man sich in einem bürokratisch verschlüsselten Wirrwarr von Preisermäßigungen und Sondervergünstigungen gut auskennen.

2. Man tut gut daran, auf der Bahn nicht »jede Menge« Gepäck mitnehmen zu wollen, sondern nur so viel, wie man notfalls selber tragen kann. Auf kleinen Bahnhöfen sind die »Notfälle« schon lange, aber auch auf größeren werden sie immer mehr die Regel.

3. Das Loblied auf die Bahn klingt denjenigen ganz falsch, die statt auf großen TEE- oder IC-Strecken »über Land« fahren müssen. Sie können da weder schlafen noch essen noch trinken noch gar ihr Auto mitnehmen. Und das dauert, und das dauert. Wer etwa von Dinkelsbühl nach Daun – das heißt: in der vernachlässigten Ost-West-Richtung von einer ungünstig gelegenen Station zur anderen – fahren will, der brauchte nur mit dem Fahrrad noch länger.

4. Einige Züge der Bundesbahn sind in der Tat vorbildlich für Sauberkeit und Service. Aber irgendwie scheinen bei dem Bemühen um Sauberkeit und Service die Bahnhöfe vergessen worden zu sein, auf denen der Reisende doch abfährt und ankommt. Sie sind oft noch trostloser und schmutziger als die Flughäfen (und die sind schlimm genug).

5. Mehr als zehn oder zwanzig Stunden in der Bahn – je nach Duldervermögen des Reisenden – sind ein Schlauch: erträglich in den Luxus-Zügen, höchst deprimierend im Wald- und Wiesenverkehr.

6. So sehr man sich auf die Kompetenz des technischen Personals im allgemeinen verlassen kann, also vor allem auf pünktliche und sichere Ankunft, so viel Glück muß man haben, um einen kompetenten Service zu erwischen: vom Fahrkartenschalter bis zum Speisewagen. Nicht zu reden vom »kleinsten Hotel der Welt«, dem Schlafwagen. Was da für den Preis eines Luxushotelzimmers (1974: Schlafwagen-Single 114,– DM, Atlantic Hamburg 110,– DM) geboten wird, ist ununterbietbar.

7. Man ist am Urlaubsort dann recht unbeweglich.

CONCLUSIO

Fahr lieber mit der Bundesbahn! Dieser Werbe-Slogan war nicht zuletzt deswegen so erfolgreich, weil er ein gut Teil Wahrheit enthält. Mein Freund Jupp pflegte zu sagen: wenn die Eisenbahn später als das Auto erfunden worden wäre, hätten alle Autofahrer diesen Fortschritt der Technik freudig begrüßt und wären auf längeren Strecken nur noch mit der Bahn gefahren. Ich liebe die Bundesbahn, solange es von Großstadt zu Großstadt geht in jenem rentablen Netz, wo sie sich Mühe gibt. Wer – zum Beispiel – in einem Schlafwagen auch schlafen kann und dann dennoch von Hamburg nach München fliegt oder mit dem Auto fährt statt mit dem Nachtschnellzug, hat selber schuld.

Reisen zu Schiff

Es könnte eine bedauerliche Informationslücke entstehen, wenn für Urlaubsreisen neben den üblichen Verkehrsmitteln nicht auch die etwas ausgefalleneren erwogen würden. Daher sollen nach dem Auto, dem Flugzeug und der Eisenbahn auch Schiff, Fahrrad und Motorrad kurz in die Urlaubsüberlegungen einbezogen werden. Hier das Schiff.

PRO

1. Eine Seereise ist eine Seereise und als solche vielleicht schon besser als der ganze Urlaub.
2. Nirgendwo geben sich Gastgeber heutzutage noch so viel Mühe, Gastgeber zu sein, wie an Bord.
3. Ein Schiff ist eine kleine Welt für sich. Man kann dort nicht nur ganz neue Erfahrungen sammeln, sondern man braucht dabei auf beinahe nichts von dem zu verzichten, was einem in der großen Welt lieb und teuer war. Man kann spazierengehen, in Bars sitzen, schwimmen, Tennis spielen, ins Kino gehen, einkaufen, telephonieren, herrlich schlafen, und ... das ist ein neues Argument wert:
4. Schiffsküchen sind (im Durchschnitt) die notorisch besten der Welt.
5. Gegen Seekrankheit (um ein Contra-Argument zu kontern) gibt es gute Tabletten.

CONTRA

1. Schiffsreisen dauern lange; für Urlaub bleibt darüber hinaus kaum noch Zeit.
2. Eine Seekrankheit reicht denjenigen, die für so was anfällig sind, völlig, um jeden Gedanken an Vergnügungen kulinarischer oder erotischer Art total auszuschließen.
3. Wo der Service auf See heute wirklich noch gut ist (also in

zwei von sieben Fällen), da ist er auch so teuer wie in einem Luxushotel.

4. Billig sind Schiffsreisen überhaupt nur für blinde Passagiere.

CONCLUSIO

Es läuft doch wohl darauf hinaus: für den »Normal-Urlauber« sind Schiffe als Transportmittel kaum geeignet – selbst auf der Strecke von Norddeutschland nach England, zum Beispiel, wo so viel dafür spricht, spricht mehr dagegen (ich hab das ein paar Mal ausprobiert). Eine Schiffsreise in den Urlaub empfiehlt sich normalerweise eigentlich nur in zwei Fällen: erstens immer dann, wenn die Schiffsreise selber der Urlaub ist (was nur solche Passagiere ganz genießen können, die nicht so leicht seekrank werden); zweitens dann, wenn der Urlauber sehr viel Zeit hat. Persönlicher und dadurch deutlicher könnte ich es so sagen: Wenn ich einmal »pensioniert« bin und dann noch reisen will, reise ich nur noch mit dem Schiff.

Radfahren

Radfahren hat schon ein paar Mal angefangen, wieder Mode zu werden. Wo jedoch im Zusammenhang mit Urlaubsreisen vom Radfahren die Rede ist, gerät der Fürsprecher leicht in die Rolle eines Naturapostels. Warum eigentlich?

PRO

1. Von allen Verkehrsmitteln ist das Fahrrad zweifellos das billigste; auch für die Energie-Wirtschaft.
2. Radfahren ist gesund.
3. Das Tempo des Radfahrers bewegt sich innerhalb natürlicher Grenzen (wie sie zum Beispiel durch einen guten Läufer gesetzt werden).
4. Der Radfahrer sieht noch etwas von der Strecke, die er fährt.
5. Der Radfahrer kennt weder Fahrplan- noch Parkprobleme.
6. Ein Fahrrad zu reparieren, kann auch der technisch Unbegabteste noch lernen.
7. Kein Verkehrsmittel belästigt andere, sei es durch Lärm, sei es durch Schmutz, so wenig wie das Fahrrad.

CONTRA

1. Der Radfahrer ist jedem Wetter so gut wie schutzlos ausgesetzt.
2. Der Radfahrer ist auch so gut wie schutzlos gegenüber dem motorisierten Straßenverkehr.
3. Mehr als sechzig Kilometer am Tag kann sich ein ungeübter Radfahrer nicht zumuten. Für lange Strecken braucht man also mit dem Fahrrad viel Zeit.
4. Im Gebirge ist Radfahren höchst anstrengend bis unmöglich.
5. Jedes Kilo Gepäck muß der Radfahrer selber fortstrampeln.
6. Der Radfahrer wird weder im Verkehr noch in den Rast- und Gaststätten für voll genommen.

7. Zweisamkeit – Sehnsucht und Geheimnis so vieler Urlaubsreisen – pflegt sich schlecht auf einem Fahrrad.

CONCLUSIO

Eigentlich sind es doch alles ziemlich traurige Gründe, die gegen die Urlaubsreise mit dem Fahrrad sprechen. Wir verzichten darauf: weil wir keine Zeit mehr haben oder das Urlaubserlebnis nur in weiter Ferne finden zu können glauben; weil uns die Autos wo nicht gleich mit ihren Kotflügeln, so doch dauernd mit ihren Auspuffgasen bedrohen; weil der Portier des Grand-Hotels einer Ohnmacht nahekäme, wenn ein Gast mit dem Fahrrad vorführe. Sind wir – wenigstens diejenigen von uns, deren Kräfte durchaus noch reichen zur Fortbewegung eines Fahrrads und die sich auch vor einem Regenguß nicht fürchten – vielleicht ganz schön blöd? Nun ja: manche von uns schließen einen gar nicht so blöden Kompromiß und nehmen ein zusammenklappbares Fahrrad im Kofferraum ihrer Limousine mit.

Motorradfahren

Seit Gunter Sachs, der gute Gründe dafür hat, wieder Motorrad fährt, ist Motorradfahren geradezu chic geworden. Aber wer fährt wirklich mit dem Motorrad in den Urlaub? Und: warum sollte er?

PRO

1. Alles, was für den Urlaub mit Auto spricht, spricht auch für den Urlaub mit Motorrad.
2. Motorräder sind billiger als Autos und dabei nicht langsamer.
3. Bei Verkehrsstauungen – und wo staute sich der Verkehr nicht, wenn die Menschen in Urlaub fahren – kann man sich mit dem Motorrad immer noch zwischen den Autokolonnen durchschlängeln.
4. Motorräder sind leichter zu parken.
5. Autofahren ist eine Altherrenbeschäftigung; Motorradfahren ist ein Sport.
6. Auf dem Motorrad, da ist der Mann noch ein Mann, am besten ganz in Leder.

CONTRA

1. Motorräder sind so gefährlich wie Autos – nur noch gefährlicher.
2. Motorradfahren ist anstrengender als Autofahren.
3. Wer gegen Regen und Wind wirklich geschützt sein will, bedarf einer kostspieligen und umständlichen Spezialkleidung.
4. Gepäck ist lästig auf einem Motorrad.
5. Als Urlaubsbegleiterinnen des Motorradfahrers kommen nur ausgesucht widerstandsfähige Mädchen in Frage.
6. Auch richtige Motorräder sind ziemlich laut. Nicht zu reden von jenen indiskutablen Terror-Instrumenten, bei denen eigens zum Zwecke der Lärmerzeugung die Auspufftöpfe ausgeräumt

wurden und mit denen jugendliche Freunde des Krachs gern in friedlichen Wohnvierteln ihre Rennen fahren.

CONCLUSIO

Ich fahre sehr gern Motorrad. Es ist wahrhaftig ein Sport; nicht ungefährlich, aber lustig. Für eine Urlaubsreise jedoch kann ich das Motorrad nur Masochisten empfehlen. Es vereint in sich die Nachteile des Autos (überleben müssen im Verkehrsgetümmel) mit denen des Fahrrads (auf zwei Rädern jeder Unbill ausgesetzt sein), ohne an deren Vorteilen entscheidend zu partizipieren.

Auslandsreisen

Unter den vielen Urlaubsalternativen – mit dem Auto oder mit der Bahn, mit dem Schiff oder mit dem Flugzeug? See oder Berge? Erholung oder Abenteuer? Gesellschaftsreise oder Einzelreise? – spielt eine wichtige Rolle offenbar auch die: Inland oder Ausland? Was spricht für Auslandsreisen?

PRO

1. Man lernt eine neue Welt kennen, und das erweitert den Horizont aufs erwünschteste.
2. Auch die Erholung kann zum Abenteuer werden, wenn sie verbunden wird mit der Notwendigkeit, fremde Sitten zu begreifen und fremde Sprachen zu verstehen.
3. Ansichtskarten aus dem Ausland machen Eindruck.
4. Es ist schick, ins Ausland zu fahren.
5. Man möchte doch wirklich manchmal raus aus diesem schrecklichen Land, weg von diesen schrecklichen Nachbarn (freilich: viele ferne Strände sind fest in den Händen der Deutschen).
6. In einem Auslandsurlaub lebt man, wenn man nicht gerade nach Schweden fährt, billiger.

CONTRA

1. Die Länder, in denen man auch dann noch billiger lebt, wenn man das Fahrgeld und zusätzliche Kosten durch fehlendes *Knowhow* dazuzählt, sind so zahlreich nicht; pauschale Vorstellungen vom »billigen Leben im Ausland« können herb enttäuscht werden.
2. Die meisten von uns sind im Ausland ziemlich hilflos, auf die Dienste von Reiseleitern und anderen Vermittlern angewiesen.
3. Am Ende und im Grunde ist – wie der böhmische Reisende ins »sündige« Paris bemerkte – dann doch alles wie in Komotau.

4. Die lange Reise zum Urlaubsziel nimmt man gern in Kauf, sie kann sogar der schönste Teil des Urlaubs werden. Aber lange Rückreisen können (vor allem im Auto) doch sehr lästig, nervenaufreibend und erholungszerstörend sein.

5. Neues? Welcher Deutsche kennt denn Deutschland (welcher Österreicher Österreich, welcher Amerikaner Amerika) wirklich? Neues gibt es für die meisten von uns auch im eigenen Lande noch genug.

6. Auch Auslandsreisen befreien nicht von einem weitverbreiteten psychischen Komplex, der sich auf die Formel bringen läßt: Wo du nicht bist, da ist das Glück.

7. Das sechste Contra-Argument mit anderen Worten: Man nimmt sich selber auch zum Kongo mit.

CONCLUSIO

Wer ins Ausland fährt, um »ins Ausland« zu fahren, bereitet sich selber die Enttäuschungen, die auf ihn zukommen. Auslandsreisen an sich und als solche sind ganz fruchtlos – so verständlich sie auch sein mögen bei einer Generation, die unter Hitler nur zugeteiltes Ausland besuchen durfte, deren Auslandsreisen von 1939 bis 1945 Feldzüge hießen, der es nach 1945 noch jahrelang an Visen und Devisen fehlte. Ganz anderes und viel mehr verspricht eine Reise, die nicht darum »ins Ausland« führt, weil es Ausland ist, sondern etwa: nach Griechenland, weil der Reisende eine moderne Diktatur auf dem Hintergrund der ältesten europäischen Zivilisation (in Attika zum Beispiel) kennenlernen möchte; nach Frankreich, weil der Reisende an der Loire endlich einmal zwischen Burgunder und Bordeaux unterscheiden lernen will; nach Jugoslawien, weil der Reisende auf der Halbinsel Istrien die herbe Schönheit eines kommunistischen Landes zu erfahren begehrt, in dem es sich leben läßt. Es gibt gewiß andere, ebenso gute und bessere Gründe für den Besuch vieler Länder. Mir scheinen Auslandsreisen immer dann und nur dann etwas zu versprechen, wenn eine Zielsetzung damit verbunden ist, die mit der Alternative Inland – Ausland im Grunde nichts zu tun hat. Wo das Ziel nur »Ausland« heißt: probieren Sie als Deutscher lieber mal den Schwarzwald, als Österreicher das Burgenland, als Amerikaner New Orleans. Diese Reiseziele sind übrigens inzwischen auch schon wieder *»in«*.

Kultur und Journalismus

Festspiele

Ein Vorwurf ist gegen mich in meiner Eigenschaft als Argumente-Sammler besonders oft erhoben worden: Der tut doch, als ob er von allem etwas verstünde. Um so besseren Gewissens leite ich diese abschließenden Themen ein: Für die habe ich ein sechsjähriges Universitätsstudium hinter mich gebracht und eine siebzehnjährige Berufspraxis als Feuilletonchef der »Zeit«. Daraus habe ich gelernt. Die einen wollen alle Festspiele abschaffen, die anderen gründen ständig neue. Ich frage: warum?

CONTRA

1. Auf Festspielen wird Kunst vermarktet als Touristen-Attraktion.
2. Festspiele sind elitäre Veranstaltungen für die Reichen.
3. Ein Festspiel-Konsumenten-Publikum sucht nicht Kunst, sondern Abendunterhaltung.
4. Festspiele verführen die Kunst, ihre unterhaltende Komponente hochzuspielen auf Kosten der ebenso wichtigen Aufklärung, die auf Veränderung gesellschaftlicher Zustände zielt.
5. Festspiele greifen zurück auf Bewährtes; zur Weiterentwicklung tragen sie nichts bei.
6. Kann jemand guten Gewissens einen Nerz durchs festliche Foyer führen, während in Nordirland und in Vietnam ...?

PRO

1. Das Touristikgewerbe ist so ehrenwert wie nur irgendeines. Die einen haben Berge zu bieten, die anderen Wellen. Festspielstädte bieten »Kultur« – warum denn nicht?
2. Der Saisonbetrieb des subventionierten Theaters hat eine lange Sommerpause. Viele Künstler verdienen sich in dieser Zeit durch Festspielarbeit gern ein Zubrot – warum denn nicht? Manche von ihnen haben es nötig.

3. Mancher, der im hektischen Erwerbsalltag keine Zeit hat für »die Kunst«, findet bei einem Festspiel-Urlaub Gelegenheit, eine ganz neue Welt für sich zu entdecken.

4. Festspiele haben die Chance, sich konzentrieren zu können auf das ihnen Gemäße – Salzburg auf Mozart, Bayreuth auf Wagner, Stratford auf Shakespeare – und das dann exemplarisch zu realisieren. Sie sind, mit anderen Worten, nicht belastet wie ein normales Stadttheater durch die Verpflichtung, jedem Steuerzahler etwas zu bieten.

5. Wenn die unterhaltende Funktion der Künste bei Festspielen vorherrscht, dann kann das heute nur als ein sehr nützliches Korrektiv zum Problemspielplan ehrgeizig progressiver Intendanten gesehen werden.

6. Die künstlerische Höchstleistung, die schlechterdings unübertreffliche Wiedergabe eines großen Werkes, die doch als ein legitimer Wunsch des Künstlers wie des Kenners akzeptiert werden muß – sie kann auf einem der großen, der finanziell gut ausgestatteten Festspiele eher Wirklichkeit werden als auf dieser oder jener städtischen Bühne.

CONCLUSIO

Die veröffentlichte Meinung über Festspiele stammt so gut wie ausschließlich von Theater- und Musikkritikern. Die fahren Jahr für Jahr nach Salzburg oder nach Bayreuth, nach Edinburgh oder nach Cannes und legen, leicht gelangweilt von der Routine, Maßstäbe an, die nur einen Teil des Meßbaren messen. Reisejournalisten und Fachleute für Kommunalwirtschaft sollten in der Festspielberichterstattung häufiger zu Wort kommen. Ich habe viele von ihnen gefragt. Sie sind für Festspiele. Ich bin es auch – wobei für mich das vierte Pro-Argument das entscheidende ist. Ich leiste mir zum Beispiel den Luxus, Mozart zu lieben. So vieles von ihm und in so exzellenter Qualität dargeboten wie in einer August-Woche in Salzburg kann ich in Hamburg während eines ganzen Jahres nicht hören.

Theater-Subventionen

Zu jeder Karte, die jemand an der Kasse eines deutschen Theaters löst, ob er nun 5 Mark dafür bezahlt oder 25, zahlt der Steuerzahler noch einmal 30 Mark dazu. Unser Theater wird zu etwa 80 Prozent aus öffentlichen Mitteln finanziert. Diese Subventionen haben längst eine halbe Milliarde im Jahr überschritten und steigen rapide auf die volle Milliarde zu. Die Frage drängt sich auf: Können und sollten wir uns diese Theatersubventionen weiterhin leisten?

CONTRA

1. Theater ist ein Vergnügen für wenige. Warum sollten die vielen anderen Steuerzahler dieses Vergnügen subventionieren?
2. In Hamburg, zum Beispiel, wird dringend eine neue Chirurgische Klinik gebraucht. Das Geld dafür wäre da, wenn die Stadt alle Theatersubventionen für ein Jahr striche.
3. Viele Stückeschreiber, Regisseure und Schauspieler sehen heute einen Auftrag darin, zur Beseitigung der etablierten Kräfte in Staat und Gesellschaft, zu Strukturveränderungen oder gar zur Revolution beizutragen. Finanziert der Staat da seine eigene Zerstörung?
4. Für Film und Bildende Kunst wird weniger, für Literatur so gut wie nichts getan. Was ist eigentlich die derart überragende Bedeutung des Theaters, daß es von den Gesamtkulturetats im Durchschnitt die Hälfte für sich beanspruchen dürfte?
5. Wo Theater ein wirkliches Bedürfnis befriedigt, da trägt es sich auch – wie an Beispielen aus Paris, London, New York und Tokyo zu belegen wäre.
6. Dem britischen »Arts Council« steht für die Subvention aller englischen Bühnen etwa so viel Geld zur Verfügung, wie bei uns allein das Berliner Schillertheater braucht. Darum wird in England doch gewiß nicht schlechter Theater gespielt als in Deutschland.

PRO

1. »Kunst« war immer eine Sache der wenigen. Nach modernem Demokratieverständnis soll sie den vielen als eine Möglichkeit, die Welt zu verstehen, angeboten werden. Das müssen wir alle finanzieren.

2. Anspruchsvolles Theater kann aus Kassenerlösen nicht finanziert werden. Das ist in anderen Ländern, auch in kommunistischen, nicht anders. Gewiß gibt es Theaterunternehmen, die sich selber tragen, aber die sind auch danach.

3. Da Schauspielerinnen wenig taugen als Krankenschwestern und Patienten nicht auf einer Bühne behandelt werden können..., da, ernsthafter und präziser, die Fähigkeiten zu Dienstleistungen und die für Geld verfügbaren Materialien nicht beliebig austauschbar sind, enthalten Theorien, in denen Starfighter gegen Obdachlosenunterstützung oder Theatersubventionen gegen Krankenhäuser ausgespielt werden, Denkfehler, an denen praktische Verwirklichung scheitert. Die Hamburger Theater wären schnell kaputtzukriegen; aber damit steht die Chirurgie in Eppendorf noch lange nicht.

4. Alle Welt beneidet uns um unsere Theater – sollten wir sie einstellen um einer Ersparnis von einem Promille des Bruttosozialprodukts willen, von der niemand behaupten kann, daß sie einen öffentlichen Haushalt entlaste?

5. Film und Fernsehen ausspielen gegen das Theater, wäre ganz abwegig: Die Schauspieler, mit und von denen auch Film und Fernsehen leben, werden normalerweise am Theater ausgebildet.

6. Theatersubventionen auf wenige große Bühnen zu beschränken, wäre ungerecht und impraktikabel: Warum sollten die Theaterbedürfnisse eines Kleinstädters weniger befriedigt werden als die eines Großstädters? Und wo käme der Nachwuchs für die »großen« Bühnen her, wenn es nicht auch »kleine« Bühnen gäbe?

7. Die Definition, wonach das Theater dem Vergnügen einiger weniger diene, ist viel zu eng. Die höchsten Theater-Subventionen sind, genauer ausgedrückt, Opern-Subventionen. Deutlicher noch als das Theater bereitet zwar auch die Oper einigen weni-

gen Vergnügen; ihre wichtigste Aufgabe jedoch ist eine Art geistiger Bewirtung für Besucher. Städte repräsentieren sich gern mit ihren Theatern, vor allem mit der Oper. Und schließlich lebt dort etwas weiter, von dem heute nur wenige zu wissen scheinen, wozu es gut ist, das umzubringen jedoch keiner gern verantworten will – man nenne es nun musischen Geist oder kulturelle Tradition.

CONCLUSIO

Eigentlich halte ich die Contra-Argumente für die wirklichkeitsnäheren. Da mir jedoch die Welt ohne Sänger, Schauspieler, Tänzer, Musiker – und Kritiker noch trister als ohnehin schon erschiene, könnte ich mich nicht dazu entschließen, diesen Leuten ihre Berufsbasis zu entziehen, um dadurch ein Promille des Bruttosozialprodukts zu gewinnen.

Folklore

Der Neue Brockhaus: »Lieder-, Märchen-, Sagen- und Sprichwörterschatz eines Volkes; auch daraus geschöpfte Elemente der Kunstmusik und Dichtung.« Zeitgemäßere Definition: Sitten, Bräuche und Kunstübungen regionalen Charakters, am Leben gehalten vor allem durch die Fremdenindustrie.

CONTRA

1. Im technischen Zeitalter des späten zwanzigsten Jahrhunderts wirkt Volkskunst primitiv, dilettantisch, anachronistisch, lächerlich.
2. Da will echt sein, was doch nur Talmi ist.
3. Wenn in Altenburg noch immer Kunz von Kaufungen entführt, wenn in Rothenburg noch immer der Meistertrunk zelebriert, wenn in Dinkelsbühl jahraus, jahrein an den Kinderfeldzug und in Hameln an den Rattenfänger erinnert, wenn in Landshut alle Jahre wieder Fürstenhochzeit gefeiert wird, dann hat das mit lebendigen Traditionen so gut wie nichts mehr und mit Tourismuswerbung so gut wie alles zu tun.
4. Folklore täuscht eine bunte romantische Welt von gestern vor, die es so nie gegeben hat.
5. Anders als die Klassik hat Folklore auch im besten Fall nur regionale Gültigkeit und ausschließlich retrospektiven Charakter. Sie ist immer konservativ.
6. Die Ersatzkunst der Folklore ist eine Beleidigung der Konsumenten durch die Produzenten.

PRO

1. Wenn die Volkskunst in der Welt des späten zwanzigsten Jahrhunderts in Verruf geraten ist, so teilt sie dieses Schicksal mit der »hohen« Kunst.
2. Regionale Kunstbemühung (auf der Baseler Faßnacht zum

Beispiel) ist noch immer sehr viel besser als internationaler Kitsch (das alljährlich unsägliche internationale Schlagerpreissingen der Eurovision zum Beispiel).

3. Was haben manche Leute nur gegen den Tourismus? Das ist eine Industrie wie viele andere auch – nur meistens sauberer und garantiert harmloser. Der Rheinländer (zum Beispiel), der amerikanische Touristen am Rhein lächerlich und überflüssig findet, hat wohl zu wenig darüber nachgedacht, wie er selber in New York wirken mag.

4. Folklore kann Tradition zuweilen verfälschen, aber sie hilft doch auch ein bißchen Geschichtsbewußtsein am Leben zu halten in unserer geschichtslos technokratischen Welt. Wir verdanken ihr manche wichtige oder doch interessante Auskunft über unsere Herkunft.

5. Die gleichen Rothenburger Intellektuellen, die den alljährlichen Meistertrunk ganz dumm finden, berauschen sich an Maori-Tänzen auf Neuseeland. Merke: Je ferner die Folklore ist, desto eher ist sie auch intellektuell akzeptabel.

6. Die Kunst der Folklore ist ein Protest des Künstlers in jedermann gegen die Kunstspezialisten.

CONCLUSIO

Es spricht doch wohl mehr für Folklore, als die Hochmütigen unter den Intellektuellen sich träumen lassen. »Folk« hat mit »Volk« zu tun. Völker finden offenbar leichter zueinander auf dem Wege über Folklore als durch gelehrte Abhandlungen über »Die gesellschaftliche Relevanz des Typus Mensch in antagonistischen Umwelten«. Ich habe mir den Rattenfänger und den Meistertrunk und den Kinderfeldzug und den Kunz von Kaufungen angeschaut und mich ein bißchen dafür geschämt, daß ich das alles doch vorwiegend komisch fand. Echte Folklore ist jedoch, von der Baseler Faßnacht bis zur schwedischen Mittsommernacht, »komisch« nur im Sinne jener menschlichen und göttlichen Komödie, wie Balzac und Dante sie verstanden haben.

Buchmesse

Alljährlich trifft sich die Bücherwelt zur Messe in Leipzig, in London, in dieser oder jener anderen Metropole, vor allem aber in Frankfurt. Warum eigentlich?

CONTRA

1. Alle Literaturproduzenten legen selbst dann, wenn sie sich scheinbar abwertend »Literaturproduzenten« nennen, Wert darauf, daß Bücher nicht einfach Waren sind. Karl Marx hielt weder die Werke der griechischen Klassiker noch die Dramen Shakespeares noch sein Buch über »Das Kapital« für nichts anderes als eine Ware. Messen aber sind für Waren da.
2. Folgerichtig wird ja in der Tat schon seit langem auf Buchmessen nichts mehr »verkauft«; denn die paar Nachbestellungen der Sortimenter, die man allenfalls als Verkaufsvorgang interpretieren könnte, kämen sonst eben mit der Post.
3. Für jeden, dem (wie dem Autor) ein Buch wichtig ist, oder dem (wie dem Verleger) fünfzig Bücher wichtig sind, oder dem (wie manchem Leser, Agenten, Kritiker) auch ein paar hundert Bücher pro Jahr wichtig sein mögen, ist es ein deprimierendes Erlebnis, sich Tausenden und Abertausenden von Büchern konfrontiert zu finden. Die meisten davon werden sogar von Autoren, Verlegern, Lesern, Agenten und Kritikern für überflüssig gehalten.
4. Jede Buchmesse kostet alle Beteiligten ziemlich viel Geld, und es springt doch – außer für die Taxifahrer, Restaurateure und Hoteliers in Frankfurt – nichts dabei heraus.
5. Alte Freunde des Buchhersteller- und -vertreiber-Handwerks sehen sich auf der Messe jedes Jahr einmal wieder, hört man immer: als ob die nicht auch eine bequemere Möglichkeit finden und auf die kostspieligen Kulissenrequisiten, die Hunderttausende von Büchern, verzichten könnten!
6. Agenten, so sagt man, tätigen auf dieser Messe ihre großen

Geschäfte: biete Chaplin, suche Brandt. Vielleicht ist das so. Aber ließe sich dafür nicht ein kleiner schnuckeliger Agententreff einrichten ohne die Statisterie von Verlegern, Verlagsangestellten, Sortimentern, Buchhandlungsgehilfinnen, Fernsehen, Presse und dem p.p. Publikum?
7. Und überhaupt ist dies eine ganz elitäre Veranstaltung.

PRO

1. Es gibt nicht viele Veranstaltungen, die weniger »elitär« wären als die Frankfurter Buchmesse: der Besuch eines Fußballplatzes ist teurer und verlangt (wenn der Besucher etwas haben will für sein Geld) mehr Sachkenntnis.
2. So eine Buchmesse wie die in Frankfurt ist ein richtiges Volksfest für Bildungshungrige – die man natürlich auch als eine »Elite« bezeichnen kann; aber das wäre dann eine sehr erwünschte Elite, weil um den Preis einer Schachtel Zigaretten jeder sich ihr anschließen kann, der will. Soll man das denen, die es wollen, nicht gönnen?
3. Hotels und Restaurants wollen auch leben (viele Arbeitnehmer leben von ihnen); man freut sich dort auf die Buchmesse und auf ein unterscheidungsfähiges, internationales Publikum.
4. Die vielen möglicherweise möglichen Treffs zwischen denen, die sich für Literatur (im weitesten Sinne) aus welchem Grunde auch immer engagieren oder doch wenigstens interessieren – sie sind ja alle schon ausprobiert worden, sie werden jedes Jahr von neuem arrangiert. Ein Faktum ist, daß nur die Buchmesse wirklich als Treffpunkt funktioniert, weil alle Interessierten sich diesen einen Termin (oder zwei oder drei) einmal im Jahr freihalten.
5. Frei nach Hamlet: Nichts ist an sich weder wichtig noch unwichtig – das Denken macht es erst dazu. Die Buchmesse ist so wichtig, weil viele denken, daß sie so wichtig sei.
6. Jede Industrie – und auch das Herstellen von Büchern ist eben doch, unter einem Aspekt zumindest, eine Industrie – möchte einmal im Jahr vorzeigen dürfen, was sie geleistet hat. Diesen sehr natürlichen oder doch wenigstens sach-immanenten

Drang zu unterdrücken, müßte sich ungeheuer frustrierend auswirken.

7. Auf der Buchmesse und ihren Randveranstaltungen lernt das Publikum seinen Autor, der Verleger seinen Agenten, der Lektor seinen Übersetzer, lernt jeder jeden kennen, der sich in irgendeiner Form und aus irgendeinem Grunde für Bücher interessiert.

8. Wo sonst denn sollte man erfahren, wer gerade mit wem und wer mit wem nicht mehr und warum dies, aber nicht das ... kurz: die Gerüchte-Aktualitäten-Börse der Buchmesse ist unersetzlich.

CONCLUSIO

Wir professionellen Buchmessen-Besucher – und nur vom Standpunkt eines solchen kann ich die Buchmesse ja sehen – schwören uns jedes Jahr am Ende der Buchmesse: jetzt reicht's – und lassen uns gleichzeitig unser Hotelzimmer fürs nächste Jahr reservieren. Wer wie ich glaubt, daß Literatur nicht gedeihen kann ohne »Literaturbetrieb«, der wird, wenn ihn dieser Betrieb anödet (und welchen Literaten ödete er nicht zuweilen an?), für sich selber die Konsequenzen ziehen und nicht mehr hinfahren. Gesetzt den Fall, ich führe nächstes Jahr nicht mehr hin: dann fände ich dennoch, daß die Buchmesse auch ohne mich und ohne alle, die ihrer inzwischen überdrüssig geworden sind, weitergehen müßte. Denn ohne Literaturbetrieb gibt es keine aktuelle, umstrittene, als Gesprächsthema sich aufdrängende Literatur. Und das wäre doch schade.

Literaturkritik

Ein ziemlich irrationaler Gegenstand versuchsweise rationaler Überlegungen sei definiert als jene Art von »Buchbesprechung« oder »Rezension«, wie sie die Feuilletons der Zeitungen und Zeitschriften und die Kultursendungen des Rundfunks füllt. Ihr Bereich liegt zwischen Buchbeschreibungen, Buchanzeigen, Klappentexten auf der einen, Literaturgeschichte und Literaturwissenschaft auf der anderen Seite.

PRO

1. Jedes Buch ist, unter anderem, auch eine Ware, es wird verkauft und gekauft; es muß daher Leute geben, die uns sagen können, ob die jeweilige Ware gut ist oder schlecht.
2. Die Literaturkritik ist unentbehrlich für jenes Milieu des Literaturbetriebs, in dem und von dem Literatur lebt.
3. Was sollten die Zeitungen sonst neben die Verlagsanzeigen drucken?
4. Literaturkritik ist aktuelle Literaturgeschichte, eine höchst willkommene Vorarbeit für künftige Literaturhistoriker.
5. Literaturkritik hält der Literatur, die sich sonst selber gar nicht reflektieren könnte, einen Spiegel vor.
6. Alle Verleger und alle Autoren wollen, daß ihre Bücher besprochen werden. Legendäres Zitat eines legendären Verlegers: Ein großer Verriß ist mir lieber als ein kleines Lob.
7. Gute Literaturkritik ist selber Literatur.

CONTRA

1. Heute werden in Deutschland diejenigen Leute Kritiker, bei denen es zu eigenen Produktionen nicht ganz reicht. Lessing, Goethe, Schiller, Schlegel waren Dichter und Kritiker zugleich; Grass, Johnson, Walser, Handke sind aus guten Gründen als Kritiker kaum hervorgetreten.

2. Beinahe unerträgliche Anmaßung wird gefordert von einem Kritiker, der den Stab brechen will oder soll über ein Buch, mit dem er sich drei Tage beschäftigt hat – während der Autor drei Jahre brauchte, dieses Buch zu schreiben. (Die Fristen wollen verstanden werden als ein Mittelwert aus zehn Minuten und zehn Jahren.)

3. Im heutigen Literaturbetrieb, von der Buchmesse bis zum PEN-Kongreß, werden Schriftsteller und Kritiker, »Literaten« beide, dauernd durcheinandergewirbelt – was zu Modellen führt wie: er schreibt die Bücher, sie schreibt die Kritiken dazu (oder umgekehrt). Nur Übermenschen bleiben von solchen Verfilzungen ganz frei. Aber wer will Übermenschen als Literaturkritiker?

4. Auch manchen an ihre Unfehlbarkeit unerschütterlich glaubenden Literaturpäpsten wird unheilig zumute, wenn sie sich klar machen, daß sie zu Vermögensverteilern avanciert werden; denn das Wort eines bekannten Kritikers kann ein Buch wohl nicht machen, aber manchmal killen.

5. »Verrisse« sind so viel leichter interessant zu schreiben und fördern das »Image« des Kritikers als eines mutigen Menschen so viel mehr.

6. Innerhalb welchen Bezugsrahmens eigentlich läßt sich ein Buch für sich selber beurteilen? Geht es dann nicht doch am Ende immer wieder nach einer Variante unglückseliger Aufsatzthemen: Was hat Schiller hier gewollt – und hat er es erreicht?

7. Literatur und ihre Kritiker sind Zwängen unterworfen, von denen in den Kritiken nichts gesagt wird. Oder könnte man sich vorstellen, daß ein Buch von Hans Habe den Beifall eines Kritikers in der »Frankfurter Rundschau« findet oder daß ein Buch aus dem Verlag Klaus Wagenbach in der »Welt« empfohlen wird?

CONCLUSIO

Ich halte einige der Argumente, pro wie contra, die ich immer wieder gehört und hier so unvoreingenommen wie möglich wiederzugeben mich bemüht habe, für unnötig boshaft. Ich halte auch die Literaturkritik oft für unnötig boshaft. In ihren Anfängen wurde Literaturkritik getragen vom Enthusiasmus für den Gegenstand der Betrachtung. Wenn Lessing gegen den Hauptpastor oder wenn Heine gegen Platen polemisieren wollte, dann nannten sie das nicht Literaturkritik. Heute enthält schon das Wort »Kritik«, das doch eigentlich Sichtung, Unterscheidung bedeutet, einen polemischen Unterton.

Ich bin überzeugt, daß es Literaturkritik geben wird und geben muß, solange es Literatur gibt. Ich glaube aber auch, daß die derzeit noch vorherrschende Form der Literaturkritik, bei der Rezensenten, oft sogar anonyme Dunkelmänner (und Dunkelfrauen), mit Büchern und/oder ihren Autoren abrechnen (wobei sich durchaus auch eine positive Bilanz ergeben mag), sich überholt hat. An ihre Stelle werden auf der einen Seite wissenschaftlichere Betrachtungsformen (Analysen, Überblicke, Vergleiche), auf der anderen »Leserhilfen« treten. Die Polemiken werden natürlich auch dann weitergehen – aber vielleicht können ihre Urheber dazu veranlaßt werden, das feierliche Gewand der »Kritik« abzulegen.

Klassiker

Wir wollen hier nicht nach deutscher Historikerart zurückgehen auf römische Steuerklassen oder dergleichen, sondern nur fragen, was eigentlich dafür und was dagegen spricht, in der Literatur das Erbe etwa Shakespeares, in der Malerei das Erbe etwa Rembrandts, in der Musik das Erbe etwa Mozarts zu pflegen und weiterzugeben an die, die nach uns kommen.

CONTRA

1. Jede Minute, die einem klassischen Künstler gewidmet wird, geht auf Kosten eines lebenden Künstlers.
2. Die Klassiker wußten gar nichts davon, daß sie »Klassiker« waren. Sie hatten ihre Sorgen – wir haben ganz andere.
3. Eine Gesellschaft, die klassisches Erbe pflegt, benutzt es als Alibi für ihre eigene Unfruchtbarkeit.
4. Mit der Pflege der Klassik gerät die Kunst aus den Händen der Autoren in die der Experten und Interpreten: des Regisseurs, der ein Shakespeare-Stück wahnsinnig originell inszeniert; des Museumsdirektors, der Rembrandt in einem ganz anderen Licht zeigt; des Dirigenten, der aus Mozarts vier Vierteln acht Achtel oder zwei Halbe macht.
5. Pflege der Klassik ist retrospektiv, Kunst aber will und soll progressiv sein (daher eben jene »progressiven« Interpretationen der Klassik). Sie will nicht zurückführen, sondern weiterführen.
6. Was Dürer, Goethe, Wagner schon gemacht haben, können wir nicht besser machen. Wir können auch von ihrer Vollendung nicht lernen: weil das Produkt des Lernprozesses im besten Falle ein Plagiat, im schlimmsten eine Travestie wird.
7. Klassiker sind wie ein Museum: ganz nett, wenn man sonntags mal gar nichts Besseres zu tun hat – aber ziemlich irrelevant innerhalb jener Welt, die uns wirklich interessiert.

PRO

1. Von allem, was heute geschrieben, gezeichnet, komponiert wird, bleibt ein Hundertstel hundert Jahre, ein Tausendstel tausend Jahre. Irgend etwas muß schon dran sein an dem, was geblieben ist ... hundert Jahre ... tausend Jahre. Etwas, woraus sich wohl doch lernen läßt.

2. Die Bedürfnisse wechseln wie die Moden. Aber es gibt da, offenbar, zwischen Entstehen und Vergehen, einen harten Kern, der solchem Wechselspiel nicht unterworfen ist. Er kann nirgendwo so wie bei denen studiert werden, die den Wechsel der Bedürfnisse und der Moden überstanden haben: bei den Klassikern.

3. Die einzige Art von Unsterblichkeit, die der Mensch mit einiger Gewißheit erreichen kann, liegt in der Bewahrung dessen, was sonst verginge.

4. An einem Nullpunkt anfangen – das ist eine romantische Utopie. Wir alle leben aus Vergangenem. Das ist evident. Pflege klassischen Erbes bedeutet: es bewußt machen. Es gibt kein Geschichtsbewußtsein ohne Anerkennung jener Leistungen, die

Maßstäbe gesetzt haben und die wir in der Kunst »klassisch« nennen.

5. Zur Dialektik des Lebens gehört – was die jüngeren Dialektiker zuweilen vergessen – nicht nur das Verändern, sondern auch das Bewahren. Veränderung um der Veränderung willen führt nicht zu Fortschritt, sondern zu Chaos.

6. Nur wer das Alte kennt, kann etwas Neues machen (wie wüßte er sonst, daß es neu ist).

7. Das Moment des Feiertäglichen gehört zur Kunst, nicht nur zur klassischen. Ans Fließband läßt sich Kunst so wenig bringen wie in die Aufsichtsratssitzung. Der »gesellschaftliche Bezug«, der heute gern und mit Recht von der Kunst gefordert wird, kann kein Plädoyer für eine Alltagskunst sein. Im kommunistischen deutschen Staat (man sehe sich Weimar an) wird das klassische Erbe in geradezu rührender Weise gepflegt – und eingemeindet.

CONCLUSIO

Wenn diese »Argumente für und gegen Klassiker« ebenso wie der, der sie geschrieben hat, ebenso freilich wie der, der sie jetzt liest, längst vergessen sind, dann werden die Klassiker noch immer gesehen und gehört, gelesen und gespielt, bekämpft und bewundert werden. Wer sich aus dieser kulturellen Tradition ausschließt, schadet nicht den Klassikern, sondern nur sich selber.

Bestseller

Das »Oxford English Dictionary« weiß nichts von dem angeblich englischen Wort, nimmt es nicht zur Kenntnis, verzeichnet zwar einen *»best-wisher«*, aber keinen *»best-seller«*. Das Wort wurde in Amerika und während der letzten zwanzig Jahre vor allem auch in Deutschland groß, zusammen mit der Sache. Seit es »Bestseller« gibt, sind sie umstritten.

CONTRA

1. Es sind selten wirklich gute Bücher, die Bestseller werden.
2. Durch die Massenmedien, vor allem durch die von Zeitungen und Zeitschriften veröffentlichten Bestseller-Listen werden ohnehin erfolgreiche Bücher erst so richtig erfolgreich. Diese Bestseller-Listen müßten abgeschafft werden.
3. Es bedeutet eine Verarmung des Buchmarktes, wenn alles Interesse und der größere Teil des Kapitals sich auf wenige Titel konzentriert.
4. Die Jagd nach dem Bestseller beschleunigt das Tempo des literarischen Modekarussells. Sechs Monate nach ihrer Veröffentlichung sind Bücher schon der Schnee vom vergangenen Jahr.
5. Ein Verleger tut neun seiner Autoren Unrecht, wenn er seine ganze Kraft, vor allem auch in der Werbung, für den zehnten einsetzt.
6. Es ist sehr deprimierend für Autoren, Monate, oft Jahre lang zu arbeiten und dann zu sehen, wie von dem Buch 3000 Stück verkauft werden (was für den Autor im Durchschnitt 6000 Mark Honorar bedeutet, bei Taschenbüchern viel weniger).
7. Der Bestseller ist ein machbares Produkt der Unterhaltungsindustrie und hat mit Literatur nichts mehr zu tun.

PRO

1. Es sind selten wirklich schlechte Bücher, die Bestseller werden.
2. Der Erfolg eines Buches ist eine Nachricht, die von den Zeitungen ihren Lesern nicht vorenthalten werden kann. In den meisten Literatur-Redaktionen bemüht man sich, durch Empfehlungen guter Bücher, die weniger erfolgreich sind, ein Gegengewicht zu schaffen.
3. Der Buchmarkt wird für Laien erst überschaubar, für die Werbung nur dadurch darstellbar, daß Akzente gesetzt werden.
4. Es gibt auch »Long-Seller«, die keineswegs nach sechs Monaten Makulatur werden – und zwar nicht nur Logarithmentafeln und Handbücher der Metallverarbeitung, sondern auch Pipers Panoramen-Reihe zum Beispiel, und natürlich die großen Romane vom »Zauberberg« bis zur »Blechtrommel«. Freilich gehen viele Bücher unter, nachdem sie ein Jahr lang auf dem Markt waren. Das ist der Preis, der dafür gezahlt werden muß, daß neue Bücher erscheinen können. Sonst wäre die Akkumulation bald nicht mehr zu bewältigen.
5. Nur wenn er mitspielt im Bestseller-Geschäft, kann ein Verlag heute überleben. Nur dadurch, daß der zehnte sich gut verkauft, kann der Verlag die anderen neun Autoren überhaupt drucken.
6. Die Möglichkeit, einen Bestseller zu schreiben, ist für viele Autoren sehr belebend – wie Lotto oder Toto. Denn ob von einem Buch 2 000 oder 8 000 verkauft werden, macht keinen so großen Unterschied. Nur der Bestseller kann dem Autor den typischen Autoren-Wunsch erfüllen: zwei Jahre lang ohne finanzielle Sorgen leben und sein nächstes Buch in Ruhe schreiben zu können.
7. So oft es auch behauptet wird, daß man Bestseller fabrizieren kann – etwa: man nehme Sex und Nostalgie, man schreibe blumigen Boulevard-Stil, man stecke eine Million in die Werbung – so erwiesenermaßen unwahr bleibt es. Natürlich gibt es Themen (und Autoren), die »gehen«. Gewiß kommt der Stil von Johan-

nes Mario Simmel leichter an als der von Arno Schmidt. Gewiß hilft Werbung viel, aber, wie jeder Fachmann weiß, nur dann, wenn das Produkt bestehende Bedürfnisse befriedigt. Wenn Bestseller sich fabrizieren ließen, würden wir das doch alle tun.

CONCLUSIO

Mir ist gar nicht wohl bei dem Bestseller-Rummel. Der Besuch einer Buchmesse macht mich immer tief traurig. Aber da ich meinem Verlag jede Menge Bestseller gönne, damit er am Leben bleibt, und da ich selber auch ganz gerne mal wieder einen schreiben würde (um für das nächste Buch ... siehe 6. Pro-Argument), muß ich für Bestseller sein, wenn ich nicht gegen jene Wahrheit verstoßen will, die in der Übereinstimmung von Fühlen, Denken und Handeln besteht.

Fremdwörter

Gerd Köster schreibt uns aus Osnabrück: »Nicht geehrte Redakteure und Redakteurinnen! Ich habe mich nach langdauernder Schreibfaulheit entschlossen, Ihnen diesen Brief zu schreiben. Gerade diese Schreibfaulheit Ihrer Leser ist wohl auch die Ursache dafür, daß »Die Zeit« zu Ihrem persönlichen Selbstbetätigungsfeld geworden ist. Es handelt sich um den schon oft kritisierten, uferlosen und unbegründeten Gebrauch von Fremdwörtern. Ich möchte hier keine konkreten Beispiele nennen: Ich müßte den vollen Inhalt vor allem der Artikel des Literatur- und Feuilletonteils Ihrer Zeitung zitieren. Ich meine, die Aufgabe einer Zeitung müsse auch darin bestehen, Information und Bildung auch den sozial und bildungsmäßig tieferen Stufen der Bevölkerung zuzuleiten. Wenn Ihnen das auf die Dauer nicht gelingt, schlage ich vor, Ihre Zeitung einzustellen. Wenn ein 19jähriger, nicht gerade dummer Abiturient weite Teile Ihrer Zeitung nicht versteht, wie soll dann ein Lehrling oder Arbeiter sie verstehen können? Damit spreche ich Ihrer Zeitung ein gewisses Niveau nicht ab, aber merke: Fremdwörter sind nicht verantwortlich für das Niveau einer Zeitung.«
Der Einwand ist den Redakteuren und Mitarbeitern der »Zeit« bekannt. Ein Grund mehr, ihn einmal dem Test des Pro und Contra zu unterwerfen.

CONTRA

1. Fremdwörter sind überflüssig. Wo eine Sprachgemeinschaft neuer Wörter wirklich bedarf (etwa für neue Dinge), schafft sie sich diese Wörter.
2. Der Gebrauch von Fremdwörtern ist Eitelkeit und Koketterie vieler Redner und Schreiber, ist Mode, Angabe, elitäres Gehabe – ein *lunch(eon)* soll etwas Besseres oder Anspruchsvolleres sein als ein Mittagessen.
3. Mit jedem Fremdwort, das einer verwendet, schließt er einen

Teil derjenigen, denen er sich verständlich machen sollte, auf hochmütige Weise vom Verstehen aus.

4. Ein Reichtum von Fremdwörtern kann trefflich dazu dienen, eine Armut an Gedanken zu verbergen.

5. Die Mischung von Wörtern verschiedener Herkunft und oft fragwürdiger Aussprache verbindet sich zu nicht nur schwer verständlichen, sondern auch stilbrechend unschönen Gebilden – so wie ein Nierentisch mit Empirestühlen, türkischem Teppich und Popbildern.

6. Das Eindringen von Fremdwörtern führt zu einer Verarmung des Deutschen.

PRO

1. Sprachgemeinschaften sind heute weniger noch als früher abgeschlossen gegen die übrige Welt. Wollen wir denn wirklich Whisky, Aquavit und Wodka, Dinge also, die aus der »übrigen Welt« zu uns gekommen sind, als »Wasser des Lebens« oder, wie es Karl-May-Leser kennen, als »Feuerwasser« bezeichnen? Das wäre freilich eine sprachgerechte Eindeutschung.

2. Man kann sich auch auf deutsch für andere so gut wie unverständlich ausdrücken – wie zum Beispiel manche Soziologenverlautbarungen lehren, die manchmal sogar für »die Arbeiterklasse« bestimmt sein sollen.

3. Viele Wörter, die heute ganz verständlich und scheinbar deutsch klingen, waren einmal Fremdwörter – von »Fenster« bis »Kaffee«.

4. Je weniger die Gültigkeit eines Begriffes sich auf Sprachgemeinschaften beschränken läßt, desto eher tritt das internationale Wort an die Stelle des nationalen: Das gilt im Tourismus (Hotel, Jet, Tip) wie vor allem in der Wissenschaft (Geologie Korrelation, asynchron). Wenn das eine Erschwerung der Verständigung unter Deutschen bedeutet, dann bedeutet es eine Erleichterung der Verständigung unter Menschen verschiedener Sprache. Eine Vielzahl international gebrauchter Wörter könnte gesehen werden als höchst wünschenswerter erster Ansatz zu einer internationalen Sprache.

5. Für viele Fremdwörter vor allem dieser mit dem vierten Pro-Argument gemeinten Art gibt es keine deutsche Entsprechung. *»Participation«* ist eben die in Frankreich diskutierte Art der »Mitbestimmung«, die sich von der deutschen wesentlich unterscheidet.
6. Gerechtfertigt erscheint aus solchen Gründen der Gebrauch von Fremdwörtern auch in Berichten über fremde Länder, und sei es nur zur Vermittlung von Lokalkolorit: Eine *»Datscha«* ist weder ein »Bungalow« noch ein »Wochenendhaus«.
7. Der Gebrauch von Fremdwörtern kann zu einem persönlichen Stil gehören, kann ein Stilmittel sein.

CONCLUSIO

– wobei das sehr fremde Fremdwort »conclusio« gewählt ist, um diese unsere Betrachtungsweise an scholastisch-aufklärerische Argumentationsformen anklingen zu lassen:

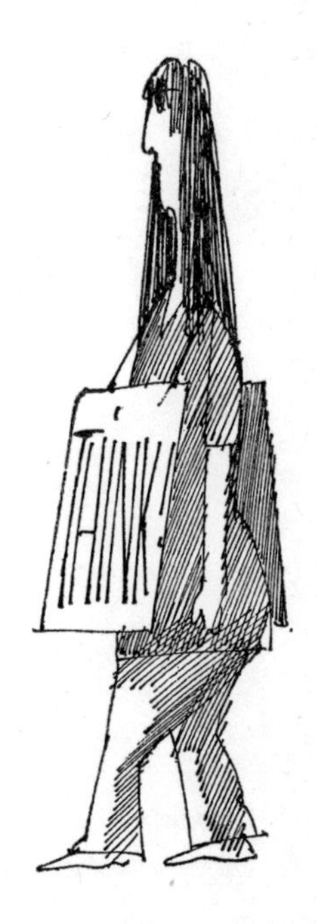

Als Schlußfolgerung ergibt sich deutlich genug, daß wir ohne Fremdwörter weder auskommen wollen noch auskommen können. Aber Gerd Köster fordert ja auch gar nicht deutschtümelnde Enthaltsamkeit von allem Welschen. Er verwahrt sich gegen den »uferlosen« und »unbegründeten« Gebrauch von Fremdwörtern. Und ich gäbe ihm völlig recht: wenn ich nur immer wüßte, wo die Ufer sind und wie gut die Gründe! Dafür lassen sich Regeln wohl nicht aufstellen. Allgemein gilt jedoch sicher: Es ist unhöflich und dumm, sich so auszudrücken, daß diejenigen, an die man sich wendet, einen nicht verstehen können.

Gemäßigte Kleinschreibung

Der Versuch, Fragen der Groß- oder Kleinschreibung vernünftig zu erwägen, stößt auf den organisierten Widerstand einer pädagogisch-philologischen Sekte, die sich der »gemäßigten Kleinschreibung« verschrieben hat, als ob das Heil der Welt davon abhinge. Die Anti-Großschreiber sind den Anti-Fremdwörtlern verwandt. Jedoch gibt es da kuriose Überschneidungen. Während eines der Anti-Großschreiber-Argumente lautet, man wolle sich internationalem Schreibgebrauch anpassen, sind die Anti-Fremdwörtler ja für die Bewahrung der deutschen Sprache vor internationaler »Überfremdung«. Die Tendenz der einen erscheint eher progressiv, die der anderen eher konservativ. Das Verrückte ist nun, daß unter den deutschen Germanisten von Grimm bis Weissgerber so viele gleichzeitig Anti-Großschreiber und Anti-Fremdwörtler sind, als ob sie da einem Kompensationszwang genügen müßten. Hier sollen, *sine ira et studio*, alle Argumente zusammengetragen werden, die für und die gegen die Einführung einer »gemäßigten Kleinschreibung« sprechen.

PRO

1. Die deutsche Rechtschreibung paßte sich damit der Rechtschreibung anderer europäischer Sprachen an.
2. Kindern (und manchen Erwachsenen) würde der intellektuelle Aufwand erspart, der nötig ist, um zu entscheiden, ob ein Wort Substantiv (Hauptwort) ist oder nicht.
3. Die in manchen Schulen offenbar allzu weit sich vordrängende Bewertung der Rechtschreibung würde abgebaut; ein guter Aufsatz könnte also nicht mehr, nur wegen einiger Kleinschreibungsfehler, mit »3« bewertet werden.
4. Die deutsche Rechtschreibung ist insgesamt willkürlich, veraltet und viel zu kompliziert. Nicht einmal Abiturienten beherrschen sie völlig. Jede Vereinfachung muß daher willkommen sein.

5. Ausländern würde es durch die »gemäßigte Kleinschreibung« erleichtert, Deutsch zu lernen.
6. Schon Jacob Grimm und Konrad Duden waren für die »gemäßigte Kleinschreibung«. Nur konservative Traditionalisten verhindern seitdem halsstarrig, daß sie endlich eingeführt wird.

CONTRA

1. Die scheinbare Anpassung an andere europäische Sprachgemeinschaften führte freilich zu um so größeren Diskrepanzen bei der Orthographie von jenen Pseudo-Eigennamen, die in allen Sprachen Schwierigkeiten machen; gemeint sind damit Namen von Straßen, Firmen, Instituten, Titeln aller Art. Ein frei nach einem bekannten Buch und Film erfundener Titel schriebe sich im Neu-Deutschen »Vom starken wind verweht«, im Französischen *»Parti avec le vent fort* (auch: *Vent Fort)«*, im Englischen *»Gone with the Strong Wind«*. Die Anpassung macht offenbar Schwierigkeiten.
2. Das zweite Pro-Argument klingt kurios, wenn es von der Fachschaft Deutsch an den pädagogischen (Pädagogischen?) Hochschulen Nordrhein-Westfalens erweitert wird: die eingesparte Unterrichtszeit könne dann für wesentliche Aufgaben der

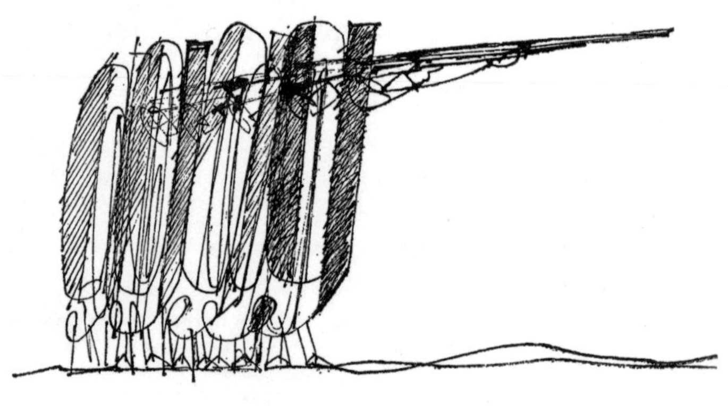

Spracherziehung verwendet werden. Bis man uns eines besseren belehrt, möchten wir die Entscheidung, was ein Hauptwort ist, für eine »wesentliche Aufgabe der Spracherziehung« halten.
3. Daß Rechtschreibung, in der Tat nur ein Kriterium partieller Intelligenz, nicht überbewertet wird, könnten die germanistischen Pädagogen auch beschließen, ohne die Großschreibung von Hauptwörtern abzuschaffen – die ja weder der schwierigste noch der sinnloseste Teil unserer Orthographie ist. Die Fälle, die wirklich unnötig schwierig sind, könnte man jedem Schreiber zur eigenen Entscheidung überlassen: ob nämlich ein verblassendes Substantiv noch ein Hauptwort ist (»Auto fahren« oder »autofahren«) und eine Substantivierung schon ein Hauptwort (»das Unsere« oder »das unsere«). Das wäre viel nützlicher, als an die Stelle eines alten fragwürdigen Dogmas ein neues fragwürdiges Dogma zu setzen.
4. Ändert die Rechtschreibung, und alle bisher gedruckten Bücher sind sofort veraltet. Ändert die Rechtschreibung nur in der Bundesrepublik, und die Einheit der deutschen Sprache ist hin. Auch in der DDR, in Österreich und in der Schweiz gibt es gewiß Anhänger der »gemäßigten Kleinschreibung«; aber die meisten Indizien sprechen dafür, daß es sich da um Minoritäten handelt.

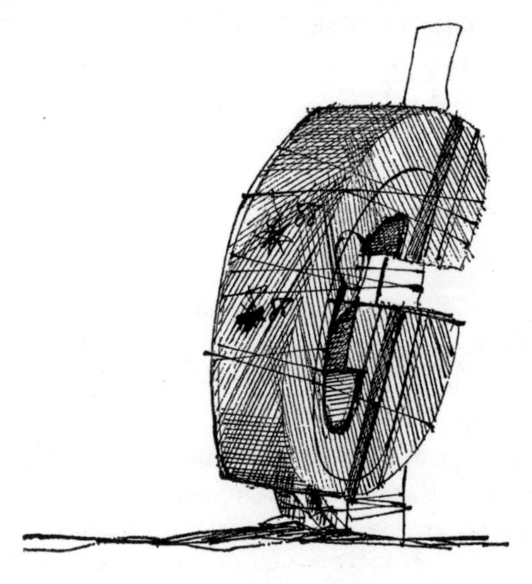

5. Das Pro-Argument 5 ist völlig unbewiesen. Viele Deutschlehrer im Ausland sagen, wie Dr. Gunilla Bergstén von der Universität Uppsala, genau das Gegenteil. Das liegt daran, daß diese Leute mehr Deutsch lesen als Deutsch schreiben; und für den Leser, auch für viele deutsche Leser, wirken die Großbuchstaben als ein Blickfang, der das unstrukturierte Grau der Sätze gliedert und übersichtlicher macht. Die »gemäßigten Kleinschreiber« denken überhaupt zu sehr an das Schreiben und zu wenig an das Lesen. Es wird aber auf dieser Welt hundertmal so viel gelesen wie geschrieben; denn was ich jetzt lese, hat nur einer geschrieben – aber was ich jetzt schreibe, können Tausende lesen.
6. Die »gemäßigte Kleinschreibung« müßte Änderungen der deutschen Syntax – oder Mißverständnisse zur Folge haben. So drastisch mißverstehbare Aussagen wie »Ich habe in Moskau liebe genossen« oder »Helft den notleidenden vögeln« mögen selten sein. Aber man stelle sich doch zum Beispiel einmal philosophische Texte von Hegel bis Heidegger vor, wo es so wichtig ist, zwischen dem »seienden Sein« und dem »Seienden sein« unterscheiden zu können.
7. Was ist eigentlich »konservativer Traditionalismus« daran, wenn jemand die Errungenschaften der deutschen Sprache des 17. und 18. Jahrhunderts, der Aufklärung und des Sturm und Drang (in Grimmelshausens »Simplizissimus« wird groß geschrieben), einem Rückschritt ins 16. Jahrhundert (in der Luther-Bibel wird »gemäßigt klein« geschrieben) vorzieht? Ein »konservativer Traditionalist« wie Stefan George schrieb radikal klein.

CONCLUSIO

Die sogenannte gemäßigte Kleinschreibung scheint mir ein unglückseliger Kompromiß. Wenn hier reformiert werden soll, dann gibt es wirklich gute Argumente nur für die radikale Reform: Weg mit den Großbuchstaben, alles wird klein geschrieben. Zu Mißverständnissen kann das nicht führen. Sätze fangen dann auch weiterhin nach Punkten neu an; und Eigennamen können, wie bisher, durch Anführungszeichen kenntlich gemacht werden. Der gewaltige ökonomische Aufwand, an allen Schreib- und Druckmaschinen das Alphabet doppelt besetzt zu lassen (groß und klein), ist also nicht damit zu rechtfertigen, daß man sonst ja nicht wüßte, wo ein neuer Satz anfängt oder was ein Eigenname ist. Intellektuelle wie materielle Ökonomie spräche nur für die totale Kleinschreibung. Wo mit überflüssigen (»redundanten«) Informationen sparsam umgegangen wird – wie beim Morsen, beim Fernschreiben und bei der elektronischen Datenverarbeitung –, haben wir uns ja längst an die totale Kleinschreibung gewöhnt. Die fanatischen Anhänger der »gemäßigten Kleinschreibung« sind daher auch durch nichts so sehr in Verlegenheit zu bringen wie durch die Frage, warum sie denn nicht konsequent klein schreiben wollten. Ihre alle Argumente immer parat habende Rhetorik gerät dann ins Stocken, und sie stammeln politisch Opportunistisches: Unter den Umständen sei konsequente Kleinschreibung nicht durchzusetzen, also müsse man sich zunächst einmal ... und so weiter. Es gäbe andere Argumente, kulturhistorische, zivilisatorische, »geistige«, die dafür sprechen, das Wort stehen zu lassen und nicht ein wort daraus zu machen, Substantive also auch weiterhin groß zu schreiben. Für die »gemäßigte« Kleinschreibung jedoch spricht, wenn ich das richtig sehe, weniger, als ihre Apostel glauben.

Handgeschriebenes

Im Zeitalter der Computer, Teletyper und Typewriter schreiben manche Menschen noch immer »mit der Hand«, das heißt: mit einem Bleistift, Kugelschreiber, Füllfederhalter oder gar mit einer Stahlfeder, Kugelspitzfeder für lateinische, Bandzugfeder für deutsche Schrift. Was ist dagegen zu sagen?

CONTRA

1. Lange vor der Rechtschreibung wurde das »Schönschreiben« in den Schulen abgeschafft. Handschriften wurden dadurch vielleicht charaktervoller, aber sicher nicht leserlicher.
2. Weil 1. so ist, wie es ist, muten die meisten von uns den meisten von uns mit Handgeschriebenem mehr zu, als die meisten von uns sich gern zumuten lassen.
3. Handschriftliches wirkt opahaft oder kindlich, anachronistisch, jedenfalls unmodern.
4. Von Handschriftlichem behält der Schreiber normalerweise keinen »Durchschlag«; er weiß dann nicht, was der andere meint, wenn der erwidert: »Wie Sie so treffend (oder: total falsch) schrieben ...«
5. Mit der Hand leserlich zu schreiben, ist anstrengend; kommt also gar nicht in Frage für Leute, die viel schreiben müssen.
6. Sachliche Mitteilungen irren, mit Hand geschrieben, leicht ab ins Persönliche.

PRO

1. Was spricht eigentlich gegen das Persönliche? Manchmal mindestens sollte es doch noch zum Ausdruck kommen.
2. Handgeschriebenes zeigt, daß einer sich selber die Mühe gemacht hat zu schreiben. Das ist etwas anderes, als zu diktieren und dann, »nach Diktat verreist«, eine Sekretärin unterschreiben zu lassen.

3. Handgeschriebenes stellt es dem Empfänger gewissermaßen frei: Willst du das lesen können? Du mußt nicht.
4. Handgeschriebenes unterscheidet sich deutlich vom sonstigen Posteingang eines Normal-Arrivierten. Und offenbar auch wohltuend; denn kluge Manager des Kunden-Anschreibens in Politik und Wirtschaft lassen die Briefumschläge von zarter Frauenhand adressieren und rechnen damit, daß dann beim Empfänger der Brief nicht gleich mit all den übrigen in den Papierkorb fliegt, ungelesen.
5. Viele, die beim Schreiben denken, sind auf ein rhythmisches Gesetz gestoßen, das gewiß kein Naturgesetz ist, aber dennoch auf eine natürliche Zuordnung schließen läßt: Sie denken so schnell, wie sie mit der Hand schreiben können. Das Diktat geht ihnen zu schnell; das Hämmern – mit zwei Fingern – in die Maschine (bei nicht perfekten Maschinenschreibern) zu langsam.
6. Wer nicht zu Hause schreibt, für den ist ein Bleistift viel leichter als eine Schreibmaschine. Er kostet auch weniger.

CONCLUSIO

Ich dächte, die vernünftige Trennungslinie bietet sich an. Persönliches sollte man, wo immer möglich, mit der Hand schreiben. Offizielles, oder auch zur Veröffentlichung Bestimmtes, wird besser und wirkungsvoller mit der Maschine geschrieben. Ich selber habe es immer so gehalten. Bei Briefen halboffiziellen Charakters bitte ich eine Sekretärin, die mein Handgeschriebenes lesen kann, es für den Empfänger, der es nur mit Mühe lesen könnte, noch einmal abzuschreiben. Es erschiene mir als ein großer Verlust an Zivilisation, wenn Handgeschriebenes nur noch dann und dort weiterlebte, wenn und wo der Schreiber sich eine Schreibmaschine nicht leisten kann. Wahrscheinlich wird es unter uns darauf hinauslaufen: mit Hand werden demnächst nur noch Schecks unterschrieben und Texte, die zur Begutachtung durch einen Graphologen bestimmt sind. Ich fände das schade.

»Ich«

Es geht um die Verwendung des Wortes »Ich« in Texten, die zur Veröffentlichung bestimmt sind; vor allem in Zeitungsartikeln.

CONTRA

1. Der Esel nennt sich selbst zuerst.
2. Nicht das Ich des Schreibers interessiert den Leser, sondern das, worüber geschrieben wird. Was schert uns das Privatleben von Journalisten.
3. Wer »Ich« schreibt, nimmt sich zu wichtig.
4. Gesellschaftliche Vorgänge sollten nicht personalisiert werden. Die »Personalisierung« fängt beim »Ich« an.
5. »Ich« täuscht in Sätzen wie: »Ich erfahre aus informierten Kreisen ...«; denn: aus »Kreisen« erfahren immer viele etwas.

PRO

1. Wer »ich« meint, soll auch »ich« sagen; möglichst mit einem kleinen »i«.
2. Ein bißchen Exhibitionismus ist nun einmal unweigerlich verbunden mit dem Anspruch, Veröffentlichenswertes zu schreiben.
3. Wer »ich« schreibt, übernimmt für seine Aussagen die Verantwortung.
4. Wenn ein Ego Sätze mit »ich« schreibt, dann stimmt doch wenigstens der Blickwinkel.
5. Auch wenn die Wurzel aller Dinge in Konflikten zwischen Interessengruppen – Klassen, Rassen oder Nationen – läge: Solange der Weltgeist nicht zum Schreiben gebracht werden kann, ist jede Darstellung persönlich – auch dann, wenn zwei oder mehr Personen dabei mitwirken.
6. Die gängigen Ausweichsubjekte für »ich« täuschen:

a) »Wir glauben, es wird höchste Zeit ...« Wer außer dem Schreiber glaubt das? Welches Kollektiv repräsentiert »wir«? Hat der Schreiber alle, die zu repräsentieren er sich anmaßt, gefragt? Oder spricht er von sich selber im Plural kaiserlicher und apostolischer Majestäten?
b) »Darüber kann man nur lachen.« Das ist meistens unwahr. Der Schreiber spielt den Gesetzgeber. Meistens kann »man« darüber auch weinen – oder davon überhaupt nicht berührt werden.
c) »Es ist zuzugeben«, oder: »Es muß zugegeben werden, daß ...« In neun von zehn Fällen folgt eine Behauptung, die keineswegs jedermann zugeben möchte, wie es die absolute Autorität des »es« oder des Passivs fordert.
d) »Der Fremde, der sich den Küsten Englands nähert ...« Oft schreibt einen solchen Satz jemand, der England recht gut kennt und die Rolle des »Fremden« nur spielt.

CONCLUSIO

Man kann mit Sprache beinahe alles machen – solange man nur weiß, was man macht. Wobei ich »man« durchaus absichtlich hier verwende, um zu belegen, daß gewiß auch »wir«, »man«, »es« und »der Fremde« Subjekte von Sätzen sein können, die nicht täuschen. Ich meine jedoch, Schreiber sollten ihre ehrenwerte Scheu, das Personalpronomen der ersten Person Singularis zu verwenden, mit jedem Satz neu überprüfen. »Ich« ist allemal besser als das andere gegen ihren Willen einbeziehende »wir«, als ein unzulässig verallgemeinerndes »man«, als ein absolute Autorität vortäuschendes Passivum, als die Verantwortung schonende Erfindung eines Pseudo-Subjekts wie »der Fremde«. Wo, zum Beispiel, von Denken, Meinen, Glauben, Fürchten, Hoffen die Rede ist, heißt das eigentliche Subjekt der Aussage »ich«. Das erste Pro-Argument halte ich für eine goldene Regel: Wer »ich« meint, soll auch »ich« sagen.

Glossen

In Frage gestellt werde hier nicht nur eine journalistische Darstellungsform, sondern damit gleichzeitig die Möglichkeit, zu großen Themen die Wahrheit kurz zu sagen.

CONTRA

1. Man darf Zitate nicht aus dem Zusammenhang reißen.
2. Nichts ist voraussetzungslos wahr.
3. Wer pointiert, lügt.
4. *Audiatur et altera pars.*
5. So einfach kann man das nicht abtun.

PRO

1. Ein Zitat ist dadurch Zitat, daß es aus einem Zusammenhang gerissen wird.
2. Voraussetzungen des Denkens müssen immer dazugedacht werden.
3. Wer lügen will, lügt gerne lang.
4. Eine Geschichte unterscheidet sich von einer Münze dadurch, daß sie nicht zwei, sondern unendlich viele Seiten hat.
5. Fasse dich kurz – wenn du vorher lange genug nachgedacht hast.

CONCLUSIO

Was gegen die Glosse spricht, spricht noch viel deutlicher gegen den Aphorismus. »Das Leben geht weiter ... als es erlaubt ist« (Karl Kraus). Ist das denn nicht wahr, obwohl in Sachen Leben vermutlich auch anderes zu vermerken wäre? Natürlich läßt sich auf einer Seite nicht die ganze Wahrheit schreiben. Aber welcher naive Hochmut gehört dazu zu glauben, die ganze Wahrheit ließe sich auf 100 Seiten schreiben!

Diese Argumente

Angefangen hatte das alles vor vielen Jahren mit meinem Freund X, der eines Nachts etwa so sprach: »Sie haben gut reden, Sie verwalten die Themen, und die Rosinen picken Sie sich selber heraus. Unsereiner aber muß Woche für Woche sich pünktlich am Montag etwas einfallen lassen, ob er Zahnschmerzen hat oder Familienkummer, ob er gerade an einer ganz anderen Arbeit sitzt oder am Strande liegt – pausenlos, Woche für Woche, immer montags, müssen drei Seiten geliefert werden. Danach hört man eine Weile gar nichts. Dann kommen die Leserbriefe. Einige sind freundlich, die meisten sind böse. Leser schreiben offenbar am liebsten, wenn sie böse sind. Nach einem Jahr wird das Buuuh ziemlich laut – ›hör doch endlich auf!‹. Aber man macht weiter. Sie können sich überhaupt nicht vorstellen, wie das ist. Aber unsereiner muß ja.«
Seit jenem Gespräch waren zwei Jahre vergangen. Da las ich eines Tages ein paar mir besonders einseitig erscheinende Behauptungen, die schreiend nach einer Entgegnung verlangten. Ich hatte damals gerade alte Gelehrten-Disputationen in die Hand bekommen und war beeindruckt davon, wie an den mittelalterlichen Universitäten (bis ins 19. Jahrhundert hinein) Doktoranden ihre Thesen mit Argumenten verteidigten, wie da jedesmal Pro und Contra gegeneinander abgewogen wurde. Wenn man dieses Prinzip, dachte ich, in abgewandelter Form auf aktuelle und alltägliche Fragen übertrüge, dann müßte sich daraus doch eine Kolumne entwickeln lassen, die eine Weile durchzuhalten sich lohnte.
Am Anfang wurden Flora-Zeichnungen einfach dazugestellt; dann suchten wir unter den verfügbaren Zeichnungen die aus, die eine Assoziation zu dem Argumente-Thema erlaubte; danach zeichnete Paul Flora für die »Argumente«, und ganz zum Schluß schrieb ich zuweilen die »Argumente« für seine Zeichnungen. Das ganze Unternehmen geriet dadurch bald in jenen Schwebezustand zwischen Vernunftmühen, Scholastik, Lebenshilfe, Spie-

lerei und Spaß, der ihm angemessen war – der jedoch einige Leser verwirrt hat.
Seit Erfindung dieser Kolumne in der »Zeit« hat es keinen Mangel gegeben an Argumenten gegen die »Argumente«; an freundlichem Zuspruch und vielen Themenvorschlägen hat es auch nicht gefehlt. Robert Neumann versuchte durch Argumentation zu ermitteln, ob man eine Zeitung auf dem Klo oder vorher oder nachher lesen sollte. Der alte Scholastiker hatte dabei das Prinzip der scholastischen Dialektik verstümmelt: entweder-oder, *tertium non datur*.
Wiederholt wurde angeregt, auch die Kolumne selber dem Test des »Pro« und »Contra« zu unterwerfen. Das tue ich besonders gern, da ich endlich einmal aus dem vollen schöpfen kann. Am Anfang war es ja immer so, daß ich mir die Pro- und die Contra-Argumente, oft mühsam, zusammensuchen und »zusammentelephonieren« mußte. Jetzt konnte ich Pro- und Contra-Stimmen aus den 387 Leserbriefen, die nicht einzelnen Themen, sondern der ganzen Veranstaltung als solcher galten, zusammenstellen. Ich habe diese »Zitate«, wie in jeder der vorangegangenen Argumente-Kolumnen, so umformuliert, daß sie im Stil einigermaßen zueinander passen, und ich habe sie kontrapunktisch angeordnet. Dabei ergibt sich folgendes:

CONTRA

1. Es gehört eine Menge Skrupellosigkeit oder Oberflächlichkeit oder Dummheit dazu zu meinen, kontroverse Themen ließen sich in ein paar kurzen Sätzen »dafür« oder »dagegen« erledigen.
2. Wer meint, über alle Themen, von »Gott« bis »Motorrad«, etwas zu sagen zu haben, der hat nichts zu sagen.
3. ... aber über »Anschnallen« darf es doch gar kein Argument dagegen ... aber über »Alkohol« darf es doch gar kein Argument dafür geben (und wie beschränkt muß jemand sein, der »unsere Klassengesellschaft« rationalen Argumenten unterwerfen zu dürfen glaubt).
4. Diese Argumente leiden darunter, daß der gleiche Autor sowohl dafür wie dagegen schreibt. Wenn der Verfasser für eine

Sache ist, formuliert er die Pro-Argumente besonders stark und die Contra-Argumente besonders schwach.

5. Durch die Aufgliederung der Argumente in Pro und Contra wird eine Objektivität vorgetäuscht, die nicht wirklich vorhanden ist.

6. Die Form leidet unter dem Zwang der allwöchentlichen Produktion, so daß, wenn es kein Thema gibt, ein Thema an den Haaren herbeigezogen werden muß.

7. Manche Themen sind zu wichtig, um in dieser Form abgehandelt werden zu können.

PRO

1. Ich habe nie gemeint, die Themen ließen sich dadurch »erledigen«. Es sollte versucht werden zu erproben, wie weit Argumente reichen.

2. Als Journalist lernt man, daß es nicht darauf ankommt, alles selber zu wissen – sondern: die Telephonnummern von Leuten zu kennen, die das eine oder andere genau wissen. Manches kann man auch in klugen Büchern nachschlagen.

3. Gerade das war natürlich ein Sinn der »Argumente«: diejenigen zu provozieren, die da glauben, es gäbe schlechterdings nichts, was gegen ihre eigenen Überzeugungen spricht. Liberale halten es da lieber mit Voltaire: »Wer lange genug gelebt hat, hat alles schon erlebt – und auch das Gegenteil von allem.«

4. Hier nun vielleicht noch einmal sollte die Spielregel in Erinnerung gerufen werden: Die einzelnen Argumente pro und contra sind Zitate, bei denen der Autor nur die Formulierung übernommen hat. Sollte ich ein Argument, das mir »nicht genehm« war, einmal schwächer formuliert oder gar ausgelassen haben, dann war das eine Panne.

5. In der persönlichen Conclusio wurde darauf hingewiesen: daß nur ja keiner glauben sollte, er sei frei von Vorurteilen – der Autor der »Argumente« eingeschlossen. Dennoch müßte es möglich sein, die Meinungen anderer (pro oder contra) vorurteilsfrei wiederzugeben. Darauf kam es an.

6. An Themen hat es nie gefehlt. Dafür haben schon die Kolle-

gen und die Leser gesorgt. In der hier vorliegenden Form kann von »Produktionszwang« überhaupt keine Rede mehr sein. Gewiß hat es sich als nützlich erwiesen, das eine oder andere noch einmal in Ruhe überdenken zu können, *to recollect it in tranquillity* (frei nach Wordsworth). Die Reaktionen vor allem von einer Million »Zeit«-Lesern, deren zusätzliche Argumente konnten noch einbezogen werden. Daher ist vieles geändert worden; aber vieles konnte doch auch nach gelassenem Überdenken genau so stehen bleiben, wie es einmal in der »Zeit« gestanden hat.

7. Das 7. Contra-Argument beschäftigt mich am meisten. Gewiß kann die Reduktion von Themen, über die ganze Bibliotheken geschrieben worden sind, auf ein paar Argumente dafür und dagegen nicht ganz seriös wirken. Da wird auf Zwischentöne verzichtet, auf langwierige Differenzierungen wie auf notwendige politische Rücksichten. Das Ganze spielt, anders als das Leben, in einem Raum heiterer Vernunft. Es hat dadurch auch den Charakter eines Spiels. Dabei ist zu hoffen, daß Paul Floras Zeichnungen das ausreichend deutlich machen. Und dennoch: die der Methode zugrunde liegende Frage, wie weit eigentlich Vernunft reicht, hat auch eine ernst zu nehmende Seite.

CONCLUSIO

Wenn ich den Pro-Argumenten den Vorzug gebe, wird das niemanden überraschen. Aber ganz unbefriedigt sollen auch diejenigen nicht bleiben, die stark auf Contra eingestellt sind: Wir sind am Ende. Sollten diejenigen, die sich mit diesen »Argumenten« nicht recht anfreunden konnten, jetzt ein Gefühl der Erleichterung verspüren, so wäre dieses das erste Gefühl, das sie mit dem Autor teilen.

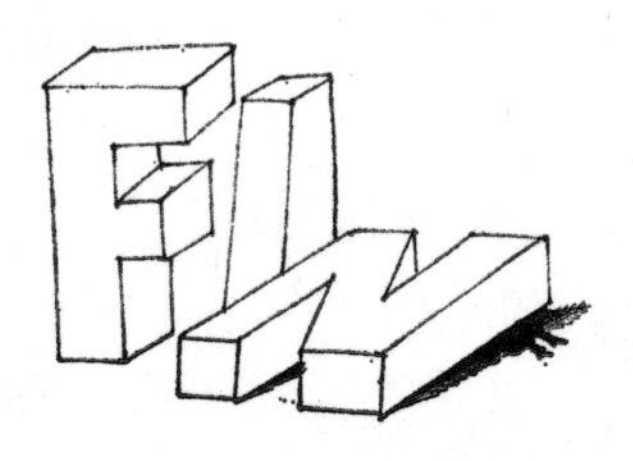